日本仏教史研究叢書

日本古代の僧侶と寺院

牧 伸行

法藏館

日本古代の僧侶と寺院＊目次

日本古代の僧侶と寺院

はしがき

一、問題の所在

日本史においてその研究方法は、制度・経済をはじめとして多方面からの研究を行うことは重要であり、実際そのような方法によって研究は日々深められている。その中で、人物を中心に据えて研究を行う場合、単なる人物史に終わってしまう恐れがある。しかし、各時代においてその時代を生き、それぞれの時代を作っていったのは「人」であることも事実である。したがって、そのような「人」を中心に研究を行うことも一つの歴史を明らかにする方法としては有効であると考える。

仏教が百済より伝来してのち、幾多の紆余曲折を経ながらも日本においても仏教を受容し、その結果として多くの寺院が建立され、僧尼が生まれていった。その数的な実数を明確にすることは難しいが、一つの例としては『日本書紀』巻二十二推古天皇三十二年（六二四）九月丙子（三日）条に、

秋九月甲戌朔丙子。挍㆓寺及僧尼㆒。具録㆓其寺所㆑造之縁。亦僧尼入道之縁。及度之年月日㆒也。當㆓是時㆒。有㆓寺卌六所。僧八百十六人。尼五百六十九人。幷一千三百八十五人㆒。

と、寺の縁起・僧尼出家の因縁および得度の年月日を記録したことが記され、数字の根拠となる何ら

かの編纂材料の存在が推測できる。また、その後についても、『扶桑略記』抄第五持統天皇六年（六九二）九月条にも、

有レ勅。令レ計二天下諸寺一。凡五百四十五寺。寺別施二入燈分稲一千束。大官大寺。資財奴婢種々施入。改二舊洪鐘一。加二調銅數千斤一。新鑄レ之。

とあり、約七十年後に寺院数は四百九十九箇寺もの増加をみている。寺院が増加しているということは、当然のことながらそれに伴い僧尼の数もさらに増加していたであろうことは明らかである。しかし、残念ながら史上にその名を残す僧尼は、当時存在していたであろう僧尼の数からみると、ごく僅かな人数に留まっている。また、名が史料にみえるとはいっても断片的であり、その実態を把握することができる者に至っては、さらにその数は減少してしまう。

　しかしながら、『続日本紀』をみると、文武四年（七〇〇）三月己未（十日）条に収録されている道照伝には「人能弘レ道」とあり、霊亀二年（七一六）五月庚寅（十五日）条の藤原武智麻呂の上奏にも「人能弘レ道。先哲格言」と記されている。これらの言葉については、すでに『論語』や『史記』よりの引用であることは指摘されているが、それでもこの言葉の意味するところは重要であると思われる。すなわち、仏教を広めるためには「人」すなわち僧尼の存在は必要不可欠なものであったといえよう。そして、その僧尼が活動の場としていた寺院についても、一緒に考えていく必要があるものと考える。

　そして、僧伝を中心とする研究としては、佐久間竜氏によるものが挙げられ、佐久間氏による『日本古代僧伝の研究』（吉川弘文館、一九八三年）があり、正史のみならず正倉院文書を駆使され、さらには僧侶の思想的な基盤にまでその考察が行われているなど、僧伝を研究するためには最も参考とす

べきものである。また、佐久間氏以外においても、例えば、玄昉や道鏡など政治に深く関与したと考えられている僧侶についての研究も存在する。

僧侶個人の研究を行うことによって、実際に当該時代を生きた僧侶の活動を通じて、その時代における仏教のあり方を知る一助になるものと考えるのである。

二、本書の構成

本書は全六章で構成しており、大きく分けて第一章から第三章と、第四章から第五章、そして第六章の三部に細分することが可能である。

第一章から第三章では、東大寺を中心に活躍していた、実忠、安寛と平栄、等定に関しての考察を行っている。そして、それぞれの僧侶について東大寺内における立場等を明らかにし、その活動の実態について述べている。

まず第一章であるが、『東大寺要録』に「東大寺権別當實忠二十九个條事」、いわゆる「実忠二十九ヶ条」が掲載され、その業績が現在に伝わっている実忠についての考察を行った。造寺事業をはじめとして、寺院運営等に手腕を振るってはいるが、実際には良弁の命に忠実な弟子としての立場を超えるものではないということを明らかにした。

次に第二章においては、草創期の東大寺にあって重要な立場を占めていた安寛と平栄について論じた。その結果、安寛と平栄が寺家の運営に大きく関与していたことについて良弁の存在が大きく影響を与えているものということを明らかにし、良弁の後継者として教学面を安寛が、寺院運営面を平栄が受け継いでいるという結論を得た。

そして第三章では、等定に関しては実際には東大寺との関係は不明であり、むしろ後世に東大寺が寺家の立場を守らんがために、東大寺に所属した僧であるかのごとく取り込んだものと推測できた。

また、第四章と第五章については、東大寺以外の僧について、それぞれが関与していたと考えられる寺院との関係について、考察して関係の有無、あるいはその実態について明らかにしている。

第四章で論じたのは永忠であるが、「梵釈寺永忠」と称される永忠について、梵釈寺との関係は永忠と桓武天皇との個人的な繋がりが前提となって梵釈寺の経営に携わったものであると推測できた。

また、第五章においては、如宝と道忠の二人と下野薬師寺との関係について論じた。如宝と道忠はともに下野薬師寺へ伝戒師として派遣されたと伝えられているが、道忠にはその事実が推測でき、実際に奈良時代末から平安時代はじめにかけて、道忠を師とする教団的なものが東国地域において形成されていたのに対して、如宝の場合は伝承に過ぎず、下野薬師寺への派遣の可能性は非常に少ないものと考えるべきであると推測した。なお、下野薬師寺は通説では下毛野氏の氏寺として出発したものと考えられていたが、考察の結果は私的な寺院ではなく、むしろ官寺あるいは官寺に準じる寺院であったと推測することが可能である。

最後の第六章では、平安時代の仏教を語る上で不可欠な存在である空海の入唐前の動向について、空白の期間といわれている大学への入学前後から出家するまでの考察を行った。通説としては空海は大学の明経科に入学後、中途退学をして山林斗擻を行ったと解されているが、空海が大学を中途退学せず、その過程を修了した後に、入唐直前に至って出家したものと推測し、空海伝に新たな視点を指摘した。

第一章　東大寺と実忠

はじめに

創建以来の東大寺を代表するだけではなく、僧綱の一員となるなど、奈良時代の仏教界を代表する人物の一人として良弁が知られているが、この良弁の弟子の一人として実忠の名が挙げられる。

実忠は、正史である六国史等にはその名を残しておらず、また『元亨釈書』には東大寺二月堂の修二会――お水取りの創始者としての説話化されたものがみられるのみで、出自等については不明な点がいくつか挙げられる。しかし実忠の名は、正倉院文書をはじめとする信頼のおける史料に散見し、『東大寺要録』巻第七雑事章第十所収の「東大寺権別當實忠二十九个條事」（以後「実忠二十九ヶ条」と略す）という史料が残っており、同時代の僧侶に比べると史料は豊富であるといえる。特に「実忠二十九ヶ条」は奈良時代末から平安初期にかけての東大寺の経営に関する最上の史料であると指摘されている。(1)

そのために実忠を主題とする研究は少なくはなく、筒井寛秀・杉山二郎両氏(2)をはじめ、森蘊(3)・松原弘宣(4)・伊藤義教(5)・佐久間竜(6)・山岸常人(7)らの諸氏によって研究が行われている。そして、各氏により

「実忠二十九ヶ条」の検討が行われ、その史料的価値を認めた上で造寺造仏技術・寺院経営・教学振興等の、各業績について高い評価を与えている。しかし、この価値は現在からみた上での評価であり、当時における実忠に対する評価ではないと思われる。

つまり、「実忠二十九ヶ条」があくまでも実忠側に立つ史料であるということに対する考慮が不足しており、実忠の当時の東大寺内における立場・地位に対する考察が不充分であり、偏ったもので終わっているように考える。さらに「実忠二十九ヶ条」の成立についても、弘仁六年（八一五）に成立したものではなく、実忠の手で数度にわたって書き加えられていったもの[9]、あるいは弘仁六年に実忠により書かれた部分を中心にして、実忠顕彰のため関係史料が収録整備され成立したもの[10]というような指摘はある。しかし、何故「実忠二十九ヶ条」が書かれなければならなかったのかという考察はなされていないのが実情である。

したがって、実忠像を把握するためには、当時の東大寺の寺院組織の中で実忠をとらえる必要があり、そうすることで実忠の東大寺内における立場・評価が明らかになるものと考える。さらに、「実忠二十九ヶ条」が成立した背景も明確になるのではないだろうか。同時に、実忠を考察することで、東大寺の寺院組織の変遷を考えることにもなるであろう。

ただし、本来ならば寺院組織については、寺院統率者である寺務組織と非統率者である寺僧集団との両面から検討すべきであるが、実忠が寺務組織側との関係が深く、また史料の制限もあり、寺務組織を中心に考察を行いたい。さらに、本来東大寺という名称に関して寺家と造東大寺司は別の機構として各々区別するべきであるが、広義の東大寺には寺家と造東大寺司が含まれるという指摘があり[11]、実忠も造営・修理等の事業に関与しているために造東大寺司についても触れておきたい。

ここで、「実忠二十九ヶ条」の記事内容を分類してみると、[12]

A造営・修理・土木への関与（第二条～第一五条）

B寺務への関与（第一六条～第一九条）

C教学面への関与（第二一条～第二四条）

D東大寺以外への関与（第二五条～第二九条）

E独立した事項（第一条・第二〇条）

以上の五種類に大きく分けることができるが、これらは時期によってさらに分類することも可能であり、必要に応じて行いたい。

一、造営事業と実忠

実忠の経歴の中では造営関係が半ばを占め、造営に関わった数の上では行基に匹敵するともいわれている。[13]これは、僧侶であった実忠が造東大寺司の行うべき事業に関与しているということであり、東大寺の造営事業における実忠の地位・評価にも大きな影響を与えるものと考えられる。

実忠の造営事業への関与については、「実忠二十九ヶ条」のAの分類から明らかとなるが、実忠の活動自体は造東大寺司が停廃された延暦八年[14]（七八九）以後の造東大寺所時代にも続いており、この停廃を契機として造営機関の性格が変化するので、実忠の造営に関する活動も二つの時期に分けて考える必要がある。

（イ）造東大寺司時代…第二〜四・七・八・一一〜一三条

（ロ）造東大寺所時代…第五・六・九・一〇・一四・一五条

以上のように分けることができる。さらに、『東大寺要録』によると天平宝字八年（七六四）には「實忠和尚立㆓西隆寺別院㆒」(15)とあり、西隆寺の建立にも関わっていたことが判る。

ところで、実忠の業績の中でEの分類として挙げている「実忠二十九ヶ条」の第一条であるが、

一、爲㆓故僧正良弁賢大法師目代㆒。奉㆓仕造寺司政㆒。

とあり、期間は天平宝字四年（七六〇）から天平神護二年（七六六）までとある。この「造寺司政」への奉仕は、明らかに造東大寺司への関与を示すもので、この時点で寺務組織との関係は明らかではない。

そして、実忠の造東大寺司への関与を証明する史料としては、次のものが挙げられている(16)。

上院務所牒　石山院務所

租布貳拾段木工淨衣料者　本古貳束

右件物、附舎人秦足人送如前、以牒、

一可速造物事菩薩堂僧坊等

右、被大僧都宣偁、不入座前、火急可造作畢者、依宣旨牒、

天平寶字六年三月二日僧實忠

これによると、実忠は上院務所の僧として大僧都すなわち良弁の宣を受け、石山院務所へ牒を出し

ている。この上院とは、良弁の居所があった羂索堂を中心とする地域のことで、本来の金鐘寺（金鐘山房）の中心伽藍のことと考えられる。そして、この上院の名を冠す上院務所については、先に挙げた第一条の本文に、

右以二去天平寶字四年正月勅一。僧正賢法師寺内一事已上政知。即僧正奏二内裏一。以二法師實忠一為二目代一。令レ撿二校造寺政一。而用物少不レ堪二用度一。是時實忠固撿二収調用租米一。以子細出二入用度一。由レ斯毎年残物巨多盈二満倉一。此造寺官人悉共知也。

とあり、僧侶である実忠が官営の造東大寺司の財政に関与している。また、上院としてではあるが造寺司(17)・造寺司政所(18)宛の文書を発給している。このことは、上院務所とは良弁が造営事業に関与するに当たって設けられた、造営に関する実務を行う組織ではないかと考えられる。

ところで、上院務所牒が発せられた石山寺は造石山寺所による造営が行われており、この造営を行う造石山寺所は造東大寺司の下部機関であった。それは、その造営のための経費や工匠が造東大寺司から与えられていたためであり、造東大寺司の主典であった安都雄足が造営と写経の別当を兼ねていたことからも明らかである(19)。そして、造石山寺所による石山寺の造営は、天平宝字五年（七六一）末から同六年八月まで行われたが、東大寺の場合と同様に写経事業も行われていた。また、この時期の石山寺の造営については、保良宮造営に関連しての造営であったと考えられている(20)。

上院務所は、この石山寺の造営が行われていた期間の天平宝字六年（七六二）のみ史料にみられる(21)。そのために、造東大寺司に対応する形で成立した東大寺三綱側の石山寺造営における出先機関であるという指摘がある(22)。しかし、上院務所についてこのような見解が成立すると、実忠は三綱側の一員と

して造営事業に参加していたと解することも可能となるが、第一条によると、あくまでも良弁の目代として「造寺司政」に奉仕しているのである。また、良弁は寺家を代表する人物ではあるが、当時三綱にはなく僧綱の一員であったということを考慮するならば、上院務所が東大寺三綱側の出先機関であったとは考え難い[23]。さらに、上院務所所属の僧としては実忠以外に、神勇[24]・正美[25]・円栄[26]といった名がみえる。このうち、円栄は僧綱の史生僧であり、神勇・正美は石山寺の僧であるということから、むしろ上院務所は石山寺の造営に際して設置された、良弁の家政機関的な組織と考えることができよう。

東大寺における目代の存在は、天平感宝元年（七四九）四月二十三日付の「東大寺牒[27]」にみえる豊歓が史料上の初見となるが、これは三綱の目代であったと考えられる。しかし、実忠の場合は、当時僧綱の一員でありながら「寺内一事已上政」を知るという立場になった良弁が、その職務を円滑に行うために設けた組織である上院務所の目代となったことを意味するが、この上院務所は造東大寺司の下部組織ではなく、さらに三綱直属でもなく、良弁による独自の組織であったと考えられる。ただし、実忠が実際に目代という立場であったかどうかは未詳とせざるを得ないが、良弁の指揮下にいたことは充分に認められる。

その後、石山寺の造営に一区切りついた翌天平宝字七年（七六三）から、実忠は大仏の光背の造営を手掛けている。これは、「実忠二十九ヶ条」の第二・三条にあり、さらに第四条も関連していると考えられる。

実忠が大仏光背の造営を行った「大佛御光所」については、

銭一百貫大光所■■

用

十二貫内卽史生凡九日廿貫充實□(忠カ)所九日付沙弥興恵

五百文炭賃料附山守入鹿　十貫充山邊武羽十日

と「大光所」という語がみえ、この史料は年月日未詳であるが天平宝字六年九月に類収されている。(28)ただし、この年月では時期的に矛盾があり、あるいは翌年とする方が妥当ではないかと思われる。また、この他にも「光所」(29)や「光作所」(30)という名称が散見し、これらが「造大佛御光所」のことであると考えられる。

ところで、第二条によると、

右大佛師従四位下国中連公麿等。申云。此大佛御光不レ知二奉レ造方一。遂辭不レ造牟。于レ時僧正賢大法師告云。汝實忠師可レ奉レ造也。於レ此實忠不レ得レ拒レ命。至心投レ誠。率二諸大工等一。上件大光。造餝已畢。

とあり、大仏の光背の制作に当たって大仏師従四位下国中連公麻呂らが「大佛御光不レ知二奉レ造方一」と辞退したという。この国中公麻呂は、造東大寺司以前の金光明寺造仏所にあっては造仏長官となり、改称後も引き続き造仏所の長官を務めるなど、大仏造立の中心人物であった。(31)その公麻呂が辞退した事業を、良弁の命により実忠が行っているのである。

そして、第三条では、

右随二佛御軀一。其光搆造已搆。當將二搆建一。而殿天井與二大佛御頂一相去甚近。餝光不レ好。因レ茲招二集大佛師大工等。令二共商量一。于レ時大佛師大工等申云。自レ非二大光切縮一。謀更餘都无。但不レ似二御体一甚醜耳。云云。爰實忠唱云。好惡二中。息二除惡醜一。可レ依二宜好一。殿天井切上可二搆起一。勿レ云二光切縮一。此時大工等申云。此事甚難。拒捍不レ肯二切上一。爰實忠果嗟下國家之缺除レ此无上レ一。即奏二聞朝庭一更天井一丈切上給。御光奉二厳飾一了。今迄卅八歳都无二動搖一也。

とあり、実忠が大仏に合わせて造った光背と大仏殿との釣合がとれず、ここでは大仏師国中公麻呂らの反対を押し切って、自らが造った光背を修正することをせず、大仏殿の天井を切り上げて光背を構立している。しかし、実忠が大仏・大仏殿ともに先に完成していたものに合わせることなく、大仏のみに合わせて造ったとすれば、ここで大仏師たち造寺司側が反発しているのも当然であろう。

さらに、第四条でも、

右造寺司左大弁佐伯宿禰。幷長上大工等申云。件副柱搆立尤難。皆辭已畢。尓時親王禪師。幷僧正和尚。相語計宣。斯事非二實忠師之謀一。餘人都不レ得レ成。猶汝可レ造。卽奉二命旨一。以去二寶龜二年歳次辛亥四月一。率二諸匠夫等一。自親往二詣近江国信樂杣一。御柱作備運二送寺家一。削搆造立。八箇月内其事已畢。今迄卅年無二動損一也。

と記す。大仏殿に副え柱を建て補強する必要が生じたが、造寺司の佐伯今毛人[32]をはじめ工人たちが辞退したため、実忠がそれに替わって行ったという。ただし、この場合は先に天井を無理に切り上げたために、大仏殿の当初の設計に狂いが生じ、副え柱を造建する必要が出てきたものと考えられる。

以上から、それぞれ造東大寺司が辞退している事業を実忠が行っており、実忠が造東大寺司とは異なった卓越した造営技術を持っていた可能性は充分に認められる。しかし、国中公麻呂をはじめ造東大寺司の辞退の原因として、百済系帰化人である公麻呂と新羅系の帰化人僧である実忠との対立——百済系工人集団と新羅系工人集団との対立があった(33)、あるいは東大寺三綱と造東大寺司との対立があった(34)というような見解には従いかねる。

　松原弘宣氏が指摘しているように、国中公麻呂は律令国家機構としての造東大寺司の官人であり、それに対して実忠は東大寺の僧である(35)。ただし、松原氏は実忠を三綱側とみているが、「実忠二十九ヶ条」の本文には、第二条では「于レ時僧正賢大法師告云。汝實忠師可レ奉レ造也」とある。また、第四条には「尒時親王禪師。幷僧正和尚。相語計宣」した「命旨」を奉じて行ったとある。

　つまり、大仏の光背の制作や大仏殿の副え柱を造建したことは、実忠の功績であることに間違いはないが、良弁あるいは親王禅師の命によって行った事業であり、実忠の出自や東大寺三綱との関係は見出し難い。むしろ、国中公麻呂との関係でいうならば、造東大寺司側と良弁との間に何かしらの確執が生じていたのではないかと推測できる。

　これらのこと以外に、(イ)の時期に実忠が行った造営事業のうち第八条、東大寺以外ではあるが第二五条と西隆寺造立は何れも天平宝字八年(七六四)の藤原仲麻呂の乱後に、乱に関連して行われた事業である。

　この仲麻呂の乱に際しては、東大寺では良弁のとった行動は不明であるが、当時上座であったと考えられる安寛が自ら使法師として、正倉院に蔵されていた武器を内裏に運んでおり(36)、このことから寺内をあげて反仲麻呂派となっていたと考えられている(37)。同様に、造東大寺司においても長官が仲麻呂派であった市原王に替わり、反仲麻呂派の吉備真備が長官となっている。その他、仲麻呂派とみられる判官葛井根道・上毛野真人、主典阿刀酒主・安都雄足が姿を消しており、造東大寺司を含む広義の東大寺をあげて孝謙・道鏡の側に付いたと考えられている(38)。

一方、「実忠二十九ヶ条」の第二七条によると、実忠は仲麻呂の乱に当たり、「御馬芻二千圍」を私献している。そして、仲麻呂の乱を契機とする西大寺建立をはじめとする造営事業にも参加しており、道鏡が中心となって行った造寺・造仏事業や、道鏡の政策に沿った形で東大寺を主導していたと考えられている(39)。しかし、実忠は乱の当時はまだ良弁の目代でしかなく、東大寺を主導できるほどの立場であったかどうかは疑問である。

仲麻呂の乱に際しての実忠の立場に関して考える上で参考になるのは第二〇条であり、そこには、

一、奉二仕朝庭一事。
　合十九年　自二天平勝寶五年一至二神護景雲四年一。
右平城宮御宇天皇。朝庭宮禪師例奉仕如レ件。

とある。この条については、山田英雄氏は「平城宮御宇天皇」を光仁天皇とし、「朝庭宮禪師」を皇子の禅師という意味にとって早良親王と解して、「例奉仕」を護持僧のごとき立場と考えている(40)。また、山田説に対して山岸常人氏は、「宮禪師」について十一面悔過に関する自説から皇后宮に供奉する僧侶と解釈している(41)。

しかし、山田説については山岸氏や舟ヶ崎正孝氏(42)が既に指摘しているように、「平城宮御宇天皇」を『日本三代実録』元慶八年（八八四）十二月二十日条で十陵五墓が定められた時の称号のみを根拠として光仁天皇とすることには無理があるであろう。さらに、「実忠二十九ヶ条」の成立時期を弘仁

六年（八一五）の時点ではないとしても、既に崇道天皇と追尊されていた早良親王を「朝庭宮禪師」と称し、まして他の条では「親王禅師」と称して統一しているものを、この第二〇条に限ってのみ別の呼称を用いるとは考えられない。

一方、山岸説についても「平城宮御宇天皇」と表現されるのは平城宮に居した天皇を示すが、特定の天皇を示すのではないとし、また宮禅師については、宮中に供奉して護持僧的機能を果たすという本質を認めながらも、「朝庭宮禪師」と表現されているものを「□□宮に供奉する」という解釈をして、それを皇后宮に主として供奉する僧侶とするのかは疑問とせざるを得ない。

実忠が「朝庭宮禪師」として奉仕しているのは、天平勝宝五年（七五三）から神護景雲四年（七七〇）までであり、これは孝謙天皇――天平宝字八年（七六四）重祚後は称徳天皇の在位期間とほぼ一致する。そして、実忠が仲麻呂の乱に際して軍馬の蒭を私献したのは「平城朝庭」である。このことから、「実忠二十九ヶ条」でいう「平城宮御宇天皇」とは、孝謙天皇のことと考えられる。孝謙天皇の看病禅師としては道鏡が内道場に入っていたが、聖武天皇の場合は鑑真・良弁をはじめ慈訓・安寛といったような僧侶が内道場に入っており、孝謙天皇の場合も決して道鏡一人だけが内道場にいたとは考えられない。したがって、実忠が仲麻呂の乱前後にとった行動は東大寺を代表するものではなく、あくまでも孝謙天皇の下に宮禅師として例奉仕していたことによる、「私献」であったと考えるべきであろう。そして、第二七・二八・二九条も以上のような関係からの「私献」であったといえる。

ところで、この前後の時期に実忠が関与した事業であるが、第八条は孝謙天皇との関係もあって自らの意志で行ったことかと思われるが、本文には、

右以㆓去神護景雲年中㆒。爲㆑安㆓置御願少塔㆒。勅令㆑進㆓殿様㆒。而大工等造様甚醜。依㆑此法師實忠。改㆓大工等作様㆒。更様造出五尺餘上。奉㆑造如㆑前依㆓此様㆒諸寺皆營造也[43]

とあり、むしろ造東大寺司との対立の一つの現れではないかと考えられる。また、第一一条と第一二条についても、

右二種事。承㆓僧正命㆒。奉㆓為國家㆒。奉㆑造如㆑前。

とあり、良弁の命によって神護景雲元年（七六七）に行われたことであった。[44]

そして、仲麻呂の乱との直接的な関係は見出せないが、第七条には、

右諸調度物甚重。搆上甚高。諸工匠等申云。不㆑得㆓搆上㆒。皆悉辭退。爾時實忠承㆓僧正命㆒。親登㆓御塔㆒。量㆓其便宜㆒。催㆓工夫等㆒。二三月内搆上已畢。亦匏形中。安㆓置金字最勝王経一部。佛舎利十粒㆒。維時寶字八年歳次甲辰。

とあり、これも「皆悉辭退」したために実忠が「承㆓僧正命㆒」けたとあり、良弁の命で行われたことが明らかである。

さらに、第一三条の「寺家造瓦別當」としての奉仕も「被㆓親王禅師教㆒偁」とあり、親王禅師の斯道によってなされたものと考えられる。この親王禅師は早良親王のことであることは既に述べたが、『東大寺要録』巻第五諸宗章第六所収「東大寺華厳別供縁起」には、

僧正臨終時。偏以㆓花嚴一乘㆒。付㆓屬崇道天皇㆒。々々敬受傳持不㆑斷亦其力也。

とあり、光仁天皇皇子という政治的な背景が強く影響して、教学面でも良弁亡き後の東大寺で指導者的地位にあったのであろう。

したがって、造東大寺司時代の実忠は、良弁あるいは親王禅師といった指導者の下で造営事業に携わっていたといえる。そして、三綱との関わりが全くなかったとはいえないが、むしろ良弁・親王禅師との私的関係が、実忠の活動の基盤にあったと考えることができる。そのため、その後宝亀四年（七七三）閏十一月に良弁が卒し[45]、延暦四年（七八五）には藤原種継暗殺事件に連坐して早良親王が失脚する[46]のと、時期を同じくして実忠は東大寺の造営事業から一時的に姿を消す。このことは、やはり早良親王との関係によるものと考えられ、早良親王が親王号を復されたらしい、延暦九年（七九〇）頃までは特に目立った活動は行っていない。

ところで、『続日本紀』延暦八年（七八九）三月戊午（十六日）条には「廢二造東大寺司一」とあり、造東大寺司が停廃されている。これは、複雑化していた官僚機構の整理、遷都に際しての人員の確保ということが考えられ、決して東大寺における造営事業が終了したことを意味するものではない[47]。したがって、これ以後も東大寺の造営・修理といった事業が行われているのである。ただし、延暦十五年（七九六）以降に造東大寺長官として紀梶長（勝長）の名がみられる[48]が、ここにみえる東大寺は当時平安京に造営中の東寺のことである[49]。

造東大寺司停廃後の東大寺の造営事業を引き継ぐために、造営機関としては造東大寺所が置かれることとなった。しかし、この造東大寺所は造東大寺司のように大規模な造営を行う機関ではなく、日常的な修理・補修といったことを主な職務としていた。そして、官営工房としての形態が維持されながらも、機構の縮小や管理職である知事への東大寺僧の就任など、三綱の管轄下にある寺内工房的な性格を持つ機構へと変わり、十一世紀半ば頃には東大寺修理所と呼ばれる寺営工房に転換する[50]。

そして、造東大寺所の時代にあっても、実忠は造営事業を行っている。その内容については、先の（ロ）の分類に相当するが、造東大寺所同様修理中心のものに変わっている。これは、東大寺の主要伽藍の造営が既に終わっていたためということもあるが、それでも大仏の修理という大事業を行っている。第五条によると、

一、奉レ固二大佛御脊所々破損幷左方御手絶去一事。

右勅使。僧綱。諸大寺三綱。老宿大法師等。倶集会。奉レ固所由商量之間。經二三ケ年一。皆難レ可レ固。云云。遂不レ得レ固。爰僧實忠。獨策二愚誠一。率二工匠等一自身往至二於伊賀杣一。造二出應レ奉レ固様一。幷令レ造二雑材木一。維時去延暦廿年中也。以後廿二年中。上件調度材木運上。随レ様奉レ固嚴飭如レ前。

とあり、大仏の修理を行うことが誰にもできなかったので、実忠が独自で行ったということである。この事業が行われた延暦二十年（八〇一）から延暦二十二年の時点で実忠は七十歳を超えており、残り少ない大仏の鋳造過程や造東大寺司の仕事を知る人間であったことが、この大事業に成功した要因の一つではないだろうか。

また、実忠が延暦末年に行った事業のうち、第六条では「大佛殿歩廊。前後中門。左右挾門等」の懸幡の木を造り、第九条では「寺西大垣。幷中大門南大垣」を造固し、さらに第一〇条では「寺北大門」を造立するなどの造営に加えて修理という仕事をこなしている。さらに、大同二年（八〇七）には第一四条の「寺食堂前庭被二崩損一」ったのを塡め固めたり、第一五条「食堂前谷水防。便二宜其川所一」を塡ぎ埋めて平に固めたりと、土木工事をも行っている。

そして、これらの実忠が行った事業であるが、延暦二十三年（八〇四）には知事としての署名があり(51)、第一九条に「奉二仕造寺司知事政一事」と記されていることから造東大寺所に関与していたことが判る。知事は造東大寺所の管理を行うのをその職掌とするが、かつて造東大寺司が置かれた頃には官人である市原王がその職にあり、明らかに律令官人による運営が行われていたのに対して、造東大寺所では実忠以外にも知事としては僧侶のみが署名しており(52)、機能の変化がうかがわれる。

その知事の任命については『延喜式』に、

凡諸大寺別當。三綱有闕者。須下五師大衆簡二定能治廉節之僧一。別當三綱。共署申送上。僧綱覆審具レ狀牒二送寮一。寮申レ省。省申レ官。然後補任。若薦擧不實科二責擧者一。兼解二却見任一。東大寺知事亦同。

とあり(53)、大寺の別当や三綱と同様の選任方法が採られ、僧侶が任命されるのが前提となっている。これをみる限り、別当・三綱と同格であったように思われるが、実際には実忠は上座であった時に知事を兼任している(54)。そして、実忠と同じく延暦二十三年（八〇四）に知事とみえる薬上(55)は弘仁十三年（八二二）から同十四年にかけて寺主としてみえ(56)、大同二年（八〇七）に知事として署名がある慈冠(57)は弘仁十三年には可信として署名している(58)。

さらに、以後も知事から三綱に転任する例がみられるが、このことに関しては橋本政良氏によって平安時代、特に九世紀中頃から十世紀初頭にかけての考察が行われている(59)。それによると、承和五年（八三八）には前知事康船が寺主に転任し(60)、承和十二年（八四五）には知事峯恵が都維那に転任している(61)。そして、承和十三年（八四六）九月二十三日には造寺所知事の年限が三綱に准じて定められている。[62]その後も知事から三綱への転任の例は存在し、斉衡三年（八五六）に造寺所知事真良が上座に、[63]天安元年（八五七）には知事慶恩が寺主に、[64]寛平二年（八九〇）には正能が寺主に、[65]昌泰四年（九〇一）には知事良惟が上座に、[66]延喜九年（九〇九）には峯皎が寺主にと、[67]それぞれ転任している。

また、橋本氏によると三綱転任乃至昇格は少例であったということである。加えて、平安時代と対照するために奈良時代における例を挙げられ、三綱内転任や可信・知事への遷任は、必ずしも昇格・降格で考えられてはいなかったと指摘している。[68]確かに三綱内での移動はみられるものの、果たして奈良時代全般についてもそう結論付けてもよいのかどうか、次節で考察してみたいが、奈良時代における知事と、平安時代にみられる知事とは全くその職掌が異なるために、この比較は少々見当違いの感がある。

以上から、造寺所知事は決して三綱の上に位置するものではなく、同格もしくは下位に位置するものと考えられる。それは、この造東大寺所は寺内工房的な性格を持ち、僧侶による管理がなされながらも、官営の「所」であり、基本的に僧侶の管轄外であるはずであったために寺家とは並立して存在していたのではないだろうか。

さらに、元慶二年（八七八）には都維那増宥が造寺専当となっている。[69]実忠が上座と知事を兼任していることと考え合わせると、実際は僧侶の支配関係からいうと造寺所は東大寺三綱の管轄下にあったと考えて差し支えないであろう。ところで、造寺専当とは知事と同様に四年で秩満となっており、その名のごとく造寺を専門に行う職のことで、造寺所勾当と同じものと考えられる。この場合は都維那である増宥が兼任しており、あくまでも三綱の一員として造寺所に参加しているのである。つまり、増宥は三綱から出向する形で参加したものと考えることができ、その経歴をみてみると知事→都維那→兼造寺専当→都維那秩満→専当秩満→任専当と造寺所との関係が深い。そのために、三綱側からの監査役という意味もあっての専当兼任であったと考えられるのである。[70]

そして実忠であるが、大同二年（八〇七）には上座兼知事とあり三綱の一員として造寺所に参加していたが、これも三綱からの監査という意味も含まれていたのであろう。先に挙げた例をみると、知事から三綱への例はあっても上座にあった者が知事となったり、上座と知事を兼任する者はみられない。このことに関しては、寺務組織の中での上座という職の問題もあるが、むしろ実忠に対する東大寺内の評価の方が問題となる。すなわち、上座でありながらも造寺所の経営には不可欠な位置を占めていたのではないかと考えられ、実忠の造営に関する業績の評価が上座という地位と結び付き、そのために老齢であるにもかかわらず実忠が上座と知事を兼任することになったのではないだろうか。ただし、当時の僧侶の中では当然教学面での活躍が重視されるべきであるが、実忠の場合は造営面での活躍が評価されていたのではないかと考えられる。

その後、大同四年（八〇九）からは修理別当としてみえ、[71]この大同四年の時点で実忠は既に八十歳前後と考えられ、[72]実際に「実忠二十九ヶ条」には大同二年以降に造営事業に関係した記事がみられない。したがって、この修理別当という職は明らかに名誉職であったように思われる。また、修理別当というのは、造東大寺所の別当と考えられ、実忠に対する造営面での評価の表れであったのではないだろうか。天平宝字四年（七六〇）に良弁の目代となって以来、既に約半世紀にわたって造営に関与してきた実忠の業績に対して与えられた職あるいは称号であったといえる。

ここで実忠の造営事業への関与についてまとめてみると、良弁の目代として、良弁の直属の機関である上院務所に出仕することから始まったが、それはあくまでも良弁・親王禅師という指導者の下で彼らの命を受けて造営事業を行っていたのである。実忠が自らの技術的能力を発揮できたのは偶発的機関によるとも考えられるが、むしろ実忠の持つ造営に対する造詣の深さが指導者達の知るところであったために、実忠が指名されているのであり、決して偶発的な理由によるものではないだろう。(73)

そして、良弁・親王禅師という指導者を失うと、以降は実忠は自らの意志で造営事業を行うようになったともとれるが、造東大寺所が三綱の上に位置するものではなく、同格あるいはそれ以下であると考えられる。三綱が造東大寺所の上位に位置する以上は、実忠の行った事業は三綱の管轄の下でなされたということができる。ただし、実忠が三綱に加わっているのも、造営事業に対する寺内の評価によるところが大きかったと考えられる。

さらに、東大寺の中で実忠が造営事業を行えたのは、果たして実忠の技術が優れていたということもあるが、むしろ東大寺内の指導者との繋がりの方が重要な要因といえるのではないだろうか。そして、実忠の造営面での業績は特筆すべきものではあるが、常に自らの意志で行っていたのではなく、まして中心的位置を占めていたとは考えられない。

二、寺務組織の変遷

寺院内の僧尼を統制し、寺院の運営を行うための寺務組織として三綱が置かれていた。(74)三綱については、『令義解』僧尼令自還俗条の注に「三綱者。上座。寺主。都維那也」とあり、『令集解』同令同条所引の古記には「三綱。謂寺主。上座。都維那也」とあり、順序は異なるものの上座・寺主・都維那のことである。それぞれ上座は一寺の長老であり、寺主は寺院の運営を、都維那は寺の一切の寺務を司る役であったと考えられている[75]。

そして、僧尼令では寺院内の統制・運営を行う職としては三綱しかその名はみえない[76]。つまり、三綱が寺務組織の基本であったと考えられるが、奈良時代中期以降になると三綱以外に、可信・目代・鎮・知事といった職が設けられ、三綱も大少に分化し始める[77]。さらに、『延喜式』には「以㆓別當㆒爲㆓長官㆒。以㆓三綱㆒爲㆓任用㆒」[78]とあり、寺院の長官として三綱の上に位置し任用する別当の存在が明文化されている。ただし、東大寺の別当については種々問題となることがあり、節を改めて論じたい。

ところで、実忠であるが少鎮・寺主・上座等の要職を歴任したことが「実忠二十九ヶ条」には記載されている。実忠の寺務組織内における立場については、前節の考察からすると、造営事業における業績が評価されたことによると考えられるが、寺務組織内での評価について考察を行いたい。

三綱の中に草創期の東大寺にあって指導者的立場にあった良弁の三綱としての署名を「正倉院文書」より見出すことはできない。良弁は遅くとも天平十五年（七四三）には金光明寺の上座となっているが[79]、『七大寺年表』によると天平十七年（七四五）に律師となり[80]、また『続日本紀』天平勝宝三年（七五一）四月甲戌（二十二日）条では少僧都に補任されている。したがって、僧綱の不偏不党という立場[81]からすると、この時点で上座等の寺内の職を表面上は退いて僧綱入りしているのは明らかであり、草創期の東大寺では既に寺職からは退いていたのではないかと考えられる。

東大寺と改称された天平二十年（七四八）頃から、「実忠二十九ヶ条」に付けられている日付である天長三年（八二六）までの三綱を中心に寺務組織の一員であった者を史料より抜き出したものが**表1**である。(補)

天平二十年（七四八）から大仏開眼の行われた天平勝宝四年（七五二）頃までは上座安寛、寺主平栄、都維那法正・仙主によって三綱が構成されており、(82)この構成は金光明寺三綱の構成員とほとんど変化はないものと思われる。そして、彼らは何れも良弁の高弟であったと考えられ、表面上は直接的な寺院経営を退いた形の良弁ではあるが、寺家の運営に関しては間接的な形はとっていても大きな発言力を持っていたことは容易に推測できる。また、これらの良弁直属の弟子達は、良弁の居所であった上院を中心に僧団を形成していたと考えられ、その中に実忠も含まれていたのであろう。

ところで、安寛・法正はそれぞれ律宗の大学頭・少学頭を務めるなど、(83)実務能力に加えて教学面も三綱に選ばれる条件として必要であり、三綱は寺務経営を行うとともに、学僧の育成ということも重要な職務であった。(84)さらに、三綱内では普通は都維那→寺主→上座と移動していたことがうかがわれるが、その例外の一つとしては天平宝字五年（七六一）に前年まで上座であった平栄に替わり、安寛が再び上座となっていることが挙げられる。(85)

当時、平栄は佐官を兼任しているが、これは僧綱の佐官であり、「僧綱之録事」(86)という僧綱内の補佐役として実務を担当し、大寺の三綱クラスの僧が充てられていた。(87)しかし、平栄は安寛が上座に再任すると同時に寺主としてみえるが、引き続いて佐官を兼任している。(88)それは、この時の移動が降格を意味するものではない(89)とも考えられるが、明らかに三綱内での地位が一歩退いた形となっている。

都維那	その他	出典
	平栄	9－342
	平栄	9－595
法正	知事平栄	9－643
法正	性泰	10－82～83
法正		10－441
	目代豊歓	10－626
	知事平栄　等貴	3－271
	少目代聞崇　広寂	3－392
（広寂？）	知事平栄　少目代聞崇　広寂	3－459～460
		3－461
法正（広寂？）	知事平栄　目代豊歓・聞崇　広寂	3－462
	等貴	3－490 東7－309
法正	大学頭善報　少学頭朗賢　唯那勝貴	3－523
	少知事等貴	3－525
		12－42
	少僧都良弁　大学頭光暁　少学頭憬寵　維那賢融	3－526 東7－309
	徳仙　平栄	12－164
仙主	知事平栄　大学頭安寛　少学頭法正　少唯那栄法	12－178
法正	大学頭善報　少学頭朗賢　維那勝貴　知事平栄	12－179
	等貴	3－492 東7－309
㊅法正	受使僧仙光	12－266
法正　少聞崇		12－332
法正	少学頭洞真　維那等貴	12－352～353
	少学頭法正　維那仙主	25－53
	良弁　大学頭法正　少学頭仙寂（大修多羅衆牒）	3－645～646
	良弁　少学頭洞真（大修多羅衆牒）	3－649
仙主	教演	13－135
		4－182
		東2－349
等貴		4－186
	律師法師慶俊	4－206
仙主	大僧都良弁　少僧都慈訓　佐官平栄　知事承教　可信善季	4－189
仙主	可信法正	4－190

表1　東大寺・寺務組織一覧

年月日	文書名	別当	上座	寺主
天平19．2．24	東大寺々家牒			
12．4	東大寺牒			
12．22	近江国坂田郡司解婢売買券			
20．9．9	寺華厳疏本幷墨紙充帳			
11．3	東大寺牒			
天平感宝元．4．22	東大寺牒			
天平勝宝元．7．23	東大寺奴婢返券			
2．5．9	奴婢買進印書送文		安寛	
9．5	大宅朝臣賀是万呂奴婢見来帳		安寛	
9．14	奴婢見来帳		安寛	
10．4	奴婢見来帳			
3．3．3	奴婢見来記			
8．14	倶舎衆牒			平栄
8．20	奴婢見来記			
9．2	東大寺牒			平栄
9．18	東大寺牒			(向庄)
10．8	東大寺牒			
11．12	東大寺律宗牒			
11．25	東大寺倶舎衆牒			
12．12	奴婢見来記			
4．4．7	東大寺牒			
7．10	東大寺牒			
8．24	東大寺三論宗牒			
11．9	東大寺三綱牒			
6．2．20	経疏出納帳			
4．1	経疏出納帳			
7．4．3	東大寺律宗解			
8．8．22	東大寺三綱牒		佐官兼平栄	法正
9．22	造東大寺文書断簡		三綱佐官兼平栄	
10．26	奴婢見来帳			㋛聞崇
11．5	阿波国名方郡新島庄券		佐官兼平栄	
天平宝字3．3．25	雙倉北雑物出用帳			
4．29	雙倉北雑物出用帳			承教

都維那	その他	出典
仙主	佐官法師平栄　知開田地道僧承天	4－392
等貴		4－448～449
等貴		4－451
	大僧都良弁　少僧都慈訓　律師法進	4－192
承天	可信法正	4－521
	平栄　興隆	15－377
㊅承天	目代満殖・勝行	5－259
承天	大僧都良弁　可信法正	4－193
	少頭機善・最行　前三綱目代定具	16－387
	本三綱目代満勝	16－400
㋛恵瑶	可信桑軛	5－483
㋛恵瑶	可信桑軛	5－486
㋛聞崇	大僧都賢太法師良弁	4－194
㊇聞崇	大僧都賢太法師良弁　知院事僧慈瓊	16－504～506
㋛恵瑶	可信桑軛	5－487
	使法師安寛　可信洞真	4－195
承天	大律師大禅師安寛　乗軛	4－196
	目代満殖・勝行	16－568
		16－569
	中鎮大法師平栄	16－566～567
恵瑶		5－530
承天		5－535
㋛聞崇	目代勝行	5－537
聞崇		5－538
㋛聞崇	可信桑軛	5－539
聞崇	可信正仙	5－540
㋛慚教		17－19
㋛慚教	知田事勝位	5－616
㋛慚教		5－636
㋛聞崇	大頭円智　中頭忠念	5－637
㋛聞崇	可信正仙	5－659
	目代勝行	5－670
	事知大法師平栄	5－683
		16－569

年月日	文書名	別当	上座	寺主
天平宝字3.11.14	東大寺越中国諸郷庄園総券			
4.11.7	摂津国西生郡美怒郷庄地売買券		佐官兼平栄	法正
11.18	摂津国安宿王家家地倉売買券		佐官兼平栄	法正
5.3.29	雙倉北雑物出用帳		安寛	
11.27	大和国十市郡池上郷屋地売買券		安寛	佐官兼平栄
6.3.7	東大寺牒			㊛等貴
7.29	東大寺三綱牒			㊣等貴
12.14	雙倉北雑物出用帳		安寛	
7.6.3	楽具欠失幷出納帳			
6.6	楽具損破注文			
8.4.25	楽具欠物注文			
7.14	楽具欠失解			
7.27	雙倉北雑物出用帳			
7.27	施薬院解			
8.24	楽具欠失解			
9.11	雙倉北雑物出用帳			
10.13	雙倉北雑物出用帳			
11.	北倉代中間下帳			
12.27	北倉代中間下帳			㊣承天
	北倉代中間下帳			㊣承天
天平神護元.6.24	楽装束失物注進解			
2.3.16	唐東人等解			
4.23	楽具欠失物注文			
5.1	楽具欠失物注文			
	楽具欠失物注文			
	楽具欠失物注文			
6.3	東大寺三綱牒			性泰
10.21	越前国司解			㊛承天
12.5	伊賀国司解			㊣承天
12.14	左方頭等解			
3.4.6	花会唐楽所解			
7.16	東大寺奴婢帳目録			㊛聞崇
神護景雲元.8.30	阿弥陀悔過料資財帳	聞崇		
2.正.14	北倉代中間下帳			㊣承天

都維那	その他	出典
	本三綱目代勝行	16－570～571
	聞崇	16－571
聞崇		16－573
(少)聞崇		16－577
(少)聞崇		16－579
(少)聞崇		16－580
(少)聞崇	本目代奉義	16－581
	※大鎮兼東大寺々主修学進守大法師　少鎮習学入位僧花柏（郡依寺牒勘察知実）	5－702～703
		16－583
(少)聞崇	目代勝行	16－582
	本三綱目代勝行	16－583
	僧正進守賢大法師良弁　中鎮進守大法師平栄　少鎮修学進守大法師実忠	4－196～197
(少)弥宅・都有	少鎮実忠　講僧澄觳	18－460
	大学頭慚安　広寂　隆保	19－141
	可信兼大学頭慚安　講僧仙憬　使愧命	19－142カ
寂雲	可信慚安・承天・宝業	4－197
(大)令耀　(少)弥宅	可信慚安・璟錮・承天・宝業	6－446
	恵瑤　「右為用吉祥悔過所借下付別当僧徳意」	6－465 21－234～235
	本三綱恵瑤「右件二種物為用上十一面悔過衆僧座料下充付法師実忠見使参林師」	6－465 21－235
	可信璟鈿　本三綱恵瑤	6－466 21－235
(少)命輝	可信璟鈿	6－466～467 21－236
寂雲	可信宝業　本三綱承天	6－467 21－237
命輝		21－238
		21－238
	興弁	22－39
	奉正	22－56
(大)満植	可信承天	4－198
(大)恵瑤		4－199
(少)木実	目代肆福　僧綱使　威儀師仁覚　従儀師仙環	25－366
(大)恵瑤		4－200
(大)恵瑤		4－203
(大)恵瑤		4－204
満影	律師兼 ※僧綱別当律師伝燈大法師位　威儀師伝燈大法師位安慧	正－32～33
隆瑞	僧綱少僧都伝燈大法師位玄憐　威儀師伝燈法師位幸栄	正－53～54

年月日	文書名	別当	上座	寺主
神護景雲2.4.26	北倉代中間下帳			㊛承天
4.30	北倉代中間下帳			㊛承天
	北倉代中間下帳			
2	北倉代中間下帳			
3.閏6.13	北倉代中間下帳			
7.13	北倉代中間下帳			
8.	北倉代中間下帳			
9.11	香山薬師寺鎮三綱牒			※性泰
12.14	北倉代中間下帳			㊚等貴
	北倉代中間下帳			
?	北倉代中間下帳			
4.5.9	雙倉北雑物出用帳			㊚承天
宝亀2.4.4	講僧澄叡請経論疏解		承教	
3.正.12	講読経奉請解継文			玄愷
正.16	講読経奉請解継文			㊅兼大学頭玄愷
8.28	雙倉北雑物出用帳			玄愷
12.30	東大寺奴婢籍帳		承教	玄愷　㊚寂雲
4.正.7	倉代西端雑物出入帳			
正.28	倉代西端雑物出入帳			
2.2	倉代西端雑物出入帳			玄愷
3.8	倉代西端雑物出入帳			
3.13	倉代西端雑物出入帳			
3.16	倉代西端雑物出入帳			
?	倉代西端雑物出入帳		善報	
6.8	僧興辨経師貢上文			玄愷
7.17	僧奉正請経論啓			玄愷
9.5.18	雙倉北雑物出用帳			
10.12.6	雙倉北雑物出用帳			
宝亀年中	正倉院雑物出用注文			善季
天応元.8.12	雙倉北雑物出用帳			善季
8.18	雙倉北雑物出用帳		善報	
2.2.22	雙倉北雑物出用帳			善季
延暦6.6.25	東大寺使解	※「病」	明一	勝行
12.6.11	東大寺使解		憬鈿	意行

都維那	その他	出典
㊖慈店・慶妙	知事道応　可信洞泰・勝覚　長中・安陟・漸智	正１－14
伍浄	可信徳祐・鶴寿　本三綱徳令	正－２
		正－54～55
㊖肆法		東２－429
伍浄		正－３
伍浄	知事実忠・道応・安禎・薬上・肆現	東２－379
		正－４
伍浄		正－５
伍浄		正－７
		正－８
延忠	知事安禎・景秋・慈冠　可信勝猷・永紀　威儀師聞珠・慈晧　従儀師中璟	正－55～56
	可信常喜・永紀　威儀師聞珠・勝哲	正－57
延忠	知事慈冠　可信勝猷　威儀師慈晧　従儀師澄哲	正－56
延忠	知事安禎・慈冠　可信勝猷・威儀師慈晧　従儀師澄哲	正－58
	修理別当実忠　知事安禎・真良・慈冠・光栄	東２－382
延忠		正－85
		正－86～87
寿常		正－59
寿常		正－82
寿常　㊖隆宝		正－99～100
寿常		正－60
寿常		正－92
寿常		正－63
寿常		正－63
寿常		正－６
寿常	可信伍耀・懃欽	東２－410
寿常		東２－411
		正－64
孝崇		正－65
存崇	可信法印・安称	正－67
	可信慈冠	正－67～68
		正－68～69
		正－70
安称	可信霊宗	正－71

年月日	文書名	別当	上座	寺主
延暦15．8．2	東大寺三綱牒		実忠	修哲　(少)伍浄
18．11．11	雙倉北雑物出入継文			修哲
19．正．4	正倉雑財物出入注文			施総
20．12．16	東大寺三綱牒		守堅	修哲　(少)定游
21．11．21	雙倉北雑物出入継文			修哲
23．6．20	東大寺地相換記	修哲	寿堅	暇
24．11．5	雙倉北雑物出入継文	律師兼修哲	寿堅	(小)参福
大同元．9．7	雙倉北雑物出入継文			賢亮
	雙倉北雑物出入継文	修哲	寿堅	
	雙倉北雑物出入継文	修哲	寿堅	
2．8．21	西行南第二倉公文下帳		兼知事実忠	伍浄
8．25	西行南第二倉公文下帳			伍浄
9．9	西行南第二倉公文下帳		兼知事実忠	伍浄
9．9	西行南第二倉公文下帳		実忠	伍浄
4．6．6	東大寺地相換記	修哲		
弘仁　2．9．25	東大寺使解	律師兼修哲	安禎	
4．2．9	御物納目散帳		勝猷	伍福
5．6．15	雙倉雑物出入帳		勝猷	伍浄
6．17	御物納目散帳		勝猷	伍浄
7．26	東大寺三綱牒		勝猷	伍浄
7．29	雙倉雑物出入帳		勝猷	伍浄
7．29	御物納目散帳		勝猷	伍浄
9．17	雙倉雑物出入帳		勝猷	伍浄
10．19	雙倉雑物出入帳		勝猷	伍浄
?　6．5	雙倉北雑物出入継文		勝猷	伍浄
6．10．30	買寄進券文（東大寺請納文）	（義海）	勝猷	伍浄　(少)玄福
10．30	買寄進券文（東大寺請納文）		勝猷	
8．5．27	雙倉雑物出入帳		長歳	
11．10．3	雙倉雑物出入帳			
13．3．26	雙倉雑物出入帳			薬上
5．6	雙倉雑物出入帳			薬上
14．2．19	雙倉雑物出入帳	施秀	恵冠	薬上
4．14	雙倉雑物出入帳			薬上
天長3．9．1	雙倉雑物出入帳	施秀		慈光

つまり、この天平宝字五年（七六一）の移動は、安寛が聖武天皇不予の際に活躍した一人[90]という、政治的な配慮があったのではないだろうか。

そして、天平勝宝四年（七五二）になって都維那に少都維那として聞崇が加わり[91]、法正が大都維那としてみえ[92]、この頃より大少に分化するようである。以後、寺主も聞崇が少寺主となっているのがみえ[93]、大少に分かれはじめて、寺主・都維那ともに増員が図られている。

また、天平感宝元年（七四九）四月には目代として豊歓の名がみえるが[94]、この目代は遅くとも天平勝宝二年（七五〇）頃には三綱に先立って分化しており[95]、少目代が存在していたことが判る。この目代は、三綱の下に位置するもので、そのことは天平勝宝二年五月に少目代であった聞崇は[96]、同年十月には豊歓と並んで目代となり[97]、以後少都維那として三綱入りしていることから推測できる[98]。そして、天平宝字年間以降は、前三綱目代[99]・本三綱目代[100]といった表記がなされていることからも明らかである。

さらに、天平宝字三年（七五九）以降には可信の署名がみえるが、この時は法正が署名している[101]。法正は先にもみたように草創期以来の東大寺にあって都維那[102]・寺主[103]といった要職を歴任し、これ以後も寺主[104]あるいは都維那[105]としての署名がみられる。また、宝亀三年（七七二）正月の「講読経奉請解継文」には可信兼大学頭として慚安が署名しており[106]、衆僧を代表するものであったことが判る。

しかし、このような寺職の増加は明らかに寺院内の各組織が複雑化したためであるが、そのためにかえって寺務組織の混乱を生ぜしめた。その結果、承和二年（八三五）十一月七日付の太政官符によって、三綱以外の雑職を置くことが禁止されている[107]。

ところで、ここで「実忠二十九ヶ条」により、寺務組織内での活躍についてみてみると、実忠は先

ず少鎮となっているが、このことは第一六条に、

一、奉二仕少鎮政撿挍造寺一事。

合七箇年　自二景雲元年一至二于寶龜四年一也。

右任中奏二聞内裏一。奉二請一切經一部一。安二置如法堂一。以二春秋二節一。請僧次六十人。二七箇日間。奉二讀上件一切經一。并六時行道。守二助國家一。然其布施者。以二官家功徳料物一施行。是法事迄二十餘年一奉行也。

とある。そして、正倉院文書の写経所関係の文書に、神護景雲三年（七六九）から宝亀二年（七七二）にかけて少鎮として検校を加えている[108]ことからも明らかである。また、この時の写経が行われていたのは、造東大寺司の写経所であったことが、実忠ら僧侶以外に造東大寺司の官人が署名していることから判る。つまり、ここに「撿挍造寺」とあるのは、造営事業を行っていたことに加えて、造寺司の写経所にも関与していたことにもよるのである。

この「鎮」については、『延喜式』に「尼寺別當鎮[109]」とあり、平安時代には尼寺のみに置かれていたことが判るが、『続日本紀』宝亀十一年（七八〇）正月丙寅（二十日）条には、「諸國國師。諸寺鎮三綱」とみえ、尼寺以外にも置かれていた。また、鎮には大中少があり[110]、「鎮三綱」とあることから三綱の上に位置し、その職務は三綱と変わらない[111]面もあるが、寺内統括者あるいは寺務全般の監督責任者的性格があったと考えられている[112]。

鎮の初見は、天平勝宝三年（七五一）七月の「近江國甲可郡藏部郷墾田地賣買券[113]」に「大鎮兼大上坐法師蓮勝」「少鎮栄猷」とあり、弘福寺に鎮が置かれていたことが確認できる。その後、法華寺の

大鎮慶俊[114]をはじめ、下野寺[115]・香山薬師寺[116]・石山寺[117]・殖槻寺[118]・近江国分寺[119]・西琳寺[120]・西隆寺[121]・西大寺[122]・南寺[123]・海龍王寺[124]・多度神宮寺[125]・菅原寺[126]に鎮が置かれていたことが判り[127]、中でも東大寺のみは大中少の鎮の存在が確認できる。

東大寺の鎮の初見は、天平神護元年（七六五）十一月の「北倉代中間下帳[128]」に中鎮とみえるが、署名がなく人物を特定できない。そして鎮となった人物が特定できるのは神護景雲四年（七七〇）五月九日の「雙倉北雑物出用帳」であり、中鎮平栄・少鎮実忠の署名が確認できる[129]。

中鎮としてその名のみえる平栄に関しては、先にも触れたが良弁の高弟の一人であり、寺主・上座あるいは佐官といった職を歴任している。さらに、天平感宝元年（七四九）には越前国・越中国に寺家野占使・占墾田使として赴き[130]、天平宝字二年（七五八）にも寺田勘使・検田使として越前国・越中国に赴く[131]など、寺家側からの荘園経営に重要な役割を果たしており、まさに実務に精通していたといえよう[132]。

ところで、平栄は天平末年から知事としての署名がいくつかみられるが[133]、この間の平栄は寺主であり、ここにみえる知事は寺主のことであると考えられており[134]、この場合は後の造東大寺所の知事とその性格は明らかに異なる。また、知事として平栄以外には承教の名が天平宝字三年（七五九）三月にみえ、その時の署名は、

佐官平栄
三綱
知事　承教

都維那仙主
可信善季

とある[135]。この場合は明らかに三綱の一員と考えられ、翌四月には寺主として署名しており、知事は寺主の別称であったことが判る。しかし、この署名がある「雙倉北雑物出用帳」に関しては、疑問となる点があり[136]、承教の名が寺主としてみえるのがこれのみで、後は宝亀二年（七七一）から翌年にかけて上座であったことが判るだけで、記載を全くの事実とすることは躊躇われる。

さらに、天平勝宝三年（七五一）八月にみえる少知事等貴については、等貴が天平宝字六年（七六二）までは少寺主ではなく、天平勝宝三年（七五一）以前には三綱の構成員としてはその名がみえない。そのため、この時に等貴が少知事として署名していることは問題となろう。等貴は「奴婢見来記」に少知事として署名しているが、この時以前に平栄の知事としての署名がみえるのも奴婢に関する文書であり[137]、後は寺内の学衆の出す牒への署名である[138]。このことから、知事が東大寺内では寺主を意味していなかったのではないかと推測できる。

すなわち、平栄・等貴ともにその署名がみえる奴婢に関する文書は、奴婢が身分の上で財産と同じ扱いを受けるものであり、知事という職は三綱とは別に寺内の資財管理に当たるものではないかと考えることができよう。また、平栄が荘園経営という、寺院の資財のうちで最も重要なものの一つに関与していたことからも明らかとなるのではないだろうか。そして、神護景雲元年（七六七）八月の「阿弥陀悔過料資財帳」に、知事ではないが「事知大法師」として平栄の署名がみられることも考慮すべきである。

ところで神護景雲三年（七六九）九月の「香山薬師寺牒」にみえる大鎮性泰[139]は、この時東大寺の寺主であり、香山薬師寺が東大寺との関係が深く、東大寺の封戸五千戸のうち百戸が割封されて伽藍の修理料に充てられているということに関連して、東大寺側からの資財管理という意味があったのではないだろうか。[140]

したがって、鎮という職についても平栄・実忠という実務派の僧がその任に就いており、また、東大寺以外では三綱との兼任がみられるなど、[141]本来は三綱とは別に寺院内の資財管理を中心に行うために設けられたのではないだろうか。[142]ただし、東大寺における鎮の出現は他の寺院に比べて比較的遅く、いわゆる道鏡政権下にのみみられるというのは、本来の資財管理という職務以外に何か別の理由があって置かれたのではないかと思われる。

ところで、大鎮については署名が残っておらず、良弁の存在があったため東大寺には置かれていなかったと考えられていた。[143]しかし、加藤優氏が指摘しているように、文室真人浄三がその地位にあったことが、『日本高僧伝要文抄』所収の『延暦僧録』の「沙門釋浄三菩薩傳」から明らかとなる。[144]

東大寺に鎮が置かれていた期間は、「実忠二十九ヶ条」で述べられている実忠が少鎮であった期間と同じであるが、これはいわゆる道鏡政権の時期ともほぼ一致している。[145]この道鏡政権下にあっては、良弁の動向は不明であり、先にみたように実忠に造営を命じている程度しか判らない。そして、諸寺に早くからみられた鎮がこの時期になって東大寺に置かれたことについて、加藤氏は道鏡が良弁の活動を封じていた間の東大寺を運営する組織として、三綱の上にあって寺務執行のために設けられたものと解している。[146]

確かに、文室浄三・実忠には反仲麻呂の姿勢がうかがわれるかもしれないが、文室浄三の場合ははっきりと反仲麻呂派であったかどうかは不明であり、[147] むしろ元御史大夫（大納言）といった経歴による名誉職としての大鎮就任であったと考えられる。また、実忠は前節でみたように孝謙天皇との関係から反仲麻呂派に属した可能性はあるが、東大寺内での活動はあくまでも良弁との関係によってなされたことであり、少鎮への就任も良弁との関係によるものであったと思われる。さらに、平栄にしても荘園経営に携わったのは、当然良弁の意を受けてのことと考えられ、三綱や僧綱で活動したのもやはり良弁の意向に従ってのことであろう。

つまり、第一線から退くことを余儀なくされた良弁が、間接的にではあるにせよ、東大寺の経営を行うために三綱の上に位置する鎮という職を置き、平栄・実忠といった実務に精通した、自分の意のままになる僧を中鎮・少鎮として配した。そして、道鏡の権勢に対抗するための名誉職として、鎮の権威付けのために元御史大夫であり、称徳天皇に厚遇されていた文室浄三を大鎮として迎えたのであろう。また、そう考えることによって、道鏡政権崩壊後に良弁が第一線に復帰した後も、実忠が東大寺で活動を続けているのも頷ける。

そして、宝亀四年（七七三）閏十一月に良弁は僧正在任のまま卒したが、[148] 翌五年から実忠は寺主の政に奉仕している。このことは第一七条にみえ、宝亀五年（七七四）から宝亀九年（七七八）までの五年間のこととある。ただ、この間の史料がほとんど残存しておらず、この記載を確認することはできないが、実忠がこの時行った「寺主政」の内容については本文に、

右先々三綱備㆓用他物㆒。雖㆑奉㆑供猶不㆑足。憂悩良繁。遂将料食。是以親王禅師教垂。法師實忠委㆓

寺主政一。是時見二受物一乏。僅有二半月供料一。將來難レ叶。讓二受備外國塔分銅一千斤。幷私功德料物等一。暫間進寄。纔繼二僧供一。亦猶思量供應レ續甚難。因レ茲勘二由田直租等一。取二集斗升一垂以宛二正用一。加以内外産業務加二撿校一。其間供物漸豐。先々借物報レ之。實忠倉庫以後。三綱都无二小患一也。

とあり、親王禅師の教垂によって寺主の政を委ねられ、寺院運営を行うために寺内の経済状態を安定させることに尽力している。

内容から判断して、三綱の寺主として当然の仕事を行っているが、あくまでも親王禅師の「教垂」により「寺主政」を委ねられたのであり、指導者の命によってなされているのである。したがって、実忠がこの時寺主となったのは、後の『延喜式』にある「五師大衆簡二定能治廉節之僧一」するという選任方法[149]ではなく、指導者による抜擢に他ならない。

さらに、第一八条によると「上座任」に奉仕しており、修哲・円徳・伍隆が寺主であった時の合わせて三度であったという。このことについては、修哲が寺主であった延暦十五年（七九六）に上座としての署名があり確認できる。また、円徳についてはその名が全くみえず明らかではないが、伍隆は伍浄の誤写と考えられ、伍浄が寺主であった大同二年（八〇七）から弘仁六年（八一五）のうち大同二年に上座となっていた。実忠が上座として如何なることを行ったのか、「実忠二十九ヶ条」には何も記されてはおらず詳細を明らかにすることはできないが、前節でみたように大同二年には造東大寺所の知事を兼任している。そして、実忠の場合も、寺主を経て上座となっているが、上座となったのは造営面での活躍が評価されてのことと考えられ、多分に名誉職的な意味合いがあったのではないだろうか。

しかし、ここで注意しておきたいこととして、三綱構成員に変化がみられるということである。東大寺の草創以来、良弁を中心にその弟子達によって運営されていたことは既に述べたが、実忠が最初に上座となった延暦十五年（七九六）の三綱をみてみると、寺主修哲、少寺主伍浄、少都維那慈店・慶妙といった構成で、可信には洞泰・勝覚、そして造東大寺所の知事として道応が署名している。[150]このうち、草創期以来の良弁の直弟子[151]に当たるのは実忠のみと考えられ、他の弟子達は延暦初年を境として姿を消しているのである。

例えば、安寛は天平神護元年（七六五）四月に大律師進守大禅師としての署名[152]が最後であり、平栄は神護景雲四年[153]（七七〇）、法正は宝亀二年[154]（七七一）を最後に史料にはみえなくなる。また、「天応元年師資序」[155]に良弁の資としてみえる標瓊律師・鏡忍律師も、それぞれ天平宝字七年（七六三）・延暦三年（七八四）が最後[156]あるいは入滅[157]である。このことは、上座である明一[158]・慓鈿[159]そして実忠以外は、延暦年間に入ると三綱の構成員が大幅に変わってしまっている。これら新しく三綱となった者は、上院で良弁を中心に教団を形成していた者達とは異なり、いうならば第二世代の僧侶達であったと考えられる。[160]

この世代の異なる僧侶達が三綱を形成する中で、実忠は明らかに前世代に属する実務に精通した僧であった。さらにこの延暦十五年（七九六）には実忠は七十歳前後という高齢であり、「実忠二十九ヶ条」に「上座任」とあり、他の条で「少鎮政」「寺主政」等とあるのとは異なっている。つまり、他の職と比べて名誉職的な要素を多分にうかがうことができる。

以上から、寺務組織にあっても実忠が重要な地位にあったのは造営事業と同時に、良弁・親王禅師の力による面が大きいといえる。しかし、同様に実忠自身が寺院内での財政管理等に秀でた能力を持っていたことも大きな要因の一つとして考えられる。そして、奈良時代末から寺務組織内で活躍したことによって、世代交替が起こるとその評価が高まり、上座という地位に就くことになったのであろう。

三、東大寺別当制と実忠

寺院における別当の地位については、『延喜式』に「諸寺以㆓別當㆒爲㆓長官㆒[161]」とあり、諸寺の長官であった。そして、「尤是爲㆑令㆑庄㆓嚴伽藍㆒[162]」に置かれたもので、原則として「僧綱不㆑得㆔輙任㆓諸寺別當[163]㆒」と僧綱との兼任は認められていなかった。ただし、この規定は平安時代に入ってから定められたものであり、奈良時代に適合するかどうかは疑問である。むしろ平安時代に定められたということは、奈良時代にはこのような規定を設ける必要がなかったとも考えられ、別当制が一般的ではなかった、もしくは存在していなかったのではないかと考えられる。

しかし、東大寺にあっては天平勝宝四年（七五二）五月一日に当時少僧都であった良弁が初代の東大寺別当に補され、以後連綿と別当が存在しており、しかも初期の別当については何故か僧綱との兼任が多くみられる。ただし、先に挙げた規定は、良弁に関しては例外的な存在であった[164]というように理解されているが、その他の別当については何も触れられてはいない。

寺院における別当制の成立については、かつて竹内理三氏が指摘しているように、「常置別当としては、蓋し、天平勝寶四年に始まる東大寺別當を最初[165]」として考えられていた。それは、「東大寺別当次第[166]」（以後「別当次第」と略す）という史料が残っているためであり、これについては全く無批判に認められ、事実として取り扱われてきた。

ところで、「別当次第」には三種類の伝本が存在する。

(a)『東大寺要録』巻第五所収別当章第七（以後「別当章」と略す）

(b)「東大寺別当次第[167]」（以後「次第」と略す）

(c)「東大寺別当統譜[168]」（以後「統譜」と略す）

以上の三本であるが、永村真氏によると(a)を基本として(b)(c)の順に成立している[169]。

そして、いずれも第二十五代大徳済棟の後に、

私云。上件廿四代虚僞尤多。但依二舊次第一注レ之。是依レ無二印藏官符一也。自下別當。依二印藏官符一。始改二其僞一耳。

とあり、第二十四代までの別当については『東大寺要録』の編者ですら疑問を呈している。このことより、堀池春峰氏[170]をはじめとして、牛山佳幸[171]・加藤優[172]・永村真[173]らの諸氏により、「別当次第」の史料批判や東大寺の別当制に関する研究が行われた[174]。その結果、初期の東大寺別当に関して、「別当次第」にはほとんど信頼の置けないことが論証され、東大寺別当制の成立に関しても平安時代初めを遡らないと指摘されている。

そうすると、「実忠二十九ヶ条」の「權別當」という記載も今まであまり批判もなく受け入れられ

て、[175]当時の東大寺内における実忠の立場・地位を表すものの一つとされていたが、再検討を行う必要があり、むしろ別当制との関係から考えると否定されるべきではないだろうか。そして、実忠が権別当ではなかったとするならば、当然実忠の当時の東大寺内における立場・評価も変わらざるを得ない。

ここで、先に挙げた諸氏の研究に従いながら、確認の意味も含めて初期の東大寺別当についてみていくと、初期の東大寺別当で疑問が呈されている第二十五代までの別当は以下のようになる。なお、僧名に付されている肩書きは「別当次第」に記載されているものである。

第一・少僧都良弁　第二・少僧都良興　第三・大僧都良恵　第四・律師永興
第五・律師忠恵　第六・少僧都霊義　第七・大僧都等定　第八・大僧都永覚
第九・律師禅雲　第十・湛久君　第十一・少僧都源海　第十二・律師定興
第十三・律師海雲　第十四・大僧都空海　第十五・少僧都義海　第十六・律師静雲
第十七・律師永念　第十八・興雲君　第十九・少僧都寛雲　第二十・律師心恵
第二十一・大法師円明　第二十二・大徳正進　第二十三・僧正真雅　第二十四・律師貞崇
第二十五・大徳済棟

以上の別当のうち、第二・三・六・八〜十三・十五〜十九代の十四名は「別当次第」以外の史料には全く見当たらない。ただ、僧綱位を冠している者のうち第八代大僧都永覚までは『僧綱補任』にその名が記されているものの、それぞれ「補任中不ㇾ見。可ㇾ尋」と注記されている。そして第九代以降は僧綱位を有していても『僧綱補任』にその名はみえない。

ところで、第二十一代別当の円明であるが、「次第」のみは実敏とあり、他の二本の記載とは異なっている。ただし、「別当章」に「丹勘云。或日記實敏大徳」という注記があり、実敏が承和五年（八三八）任の別当という説が存在していたことを示している。しかし、これに続いて「裏書云」として、

承和五年六月八日。起首五十箇日間。修㆓理毘沙門天㆒。寺工従八位上神氏勝助等。率㆓廿餘人㆒修補。于㆑時別當大法師円明。如㆑此記者。實敏非㆓別當㆒歟。

とあり、これは承和五年（八三八）八月三日の「造東大寺所記文」[176]の一文が引用してあり、これによって実敏を円明として訂正している。そして、「別当章」を基にして造られた「次第」が実敏を別当としていることから、本来は第二十一代の別当としては実敏が記載されていたが、「別当章」では「造東大寺所記文」によって訂正されているのである。さらに、実敏は西大寺僧であったことが確認でき[177]、東大寺別当となった可能性はなく、「別当章」の記載に従うべきである。

また、第二十二代の大徳正進については、斉衡三年（八五六）に勅によって東大寺華厳宗の僧としてはじめて興福寺維摩会の講師を務め[178]、貞観六年（八六四）には権律師に任じられている[179]。別当への補任は承和十年（八四三）のことであり、時代的には合致するが、実際に別当としての署名は見当たらず、別当であったという確証はなく、一応疑問としておくべきであろう。

そして、他の九人についても存在をはっきり確認できない者があり、「別当次第」の記載通りに東大寺別当であったかどうかの確認はできない。例えば、「別当次第」で附記されている僧綱位は、良弁の場合をみてみると少僧都とあり、天平勝宝四年（七五二）に別当となった時点での僧綱位である。さらに円明は嘉祥三年（八五〇）には律師となり、正進は承和十年（八四三）に権律師となっている

が、別当就任はそれ以前でありそれぞれ大法師・大徳という表記が行われている。したがって、原則としては別当就任時の僧綱位で表記され、遡及して付けられたものではないと考えられるが、上記の三人以外は『僧綱補任』に従うと、別当就任時のものではない。

第四代の永興であるが、永興という名の僧としては天平宝字二年（七五八）二月に興福寺の上座法師として興福寺三綱牒に署名があり、(180)また宝亀三年（七七二）には持戒称するに足り、看病に長ずるとして著名な僧十人とともに十禅師と称している。(181)さらに『日本霊異記』巻下の第一・第二に永興の名がみえるが、東大寺との関係はみられず、興福寺僧であり、東大寺別当としての永興に関しては他の史料にはみえない。また、第五代忠恵も、鑑真の伝えた『法励四分律疏』『鎮国道場檀銹崇義記』を近江で講じた僧として忠恵の名が『唐大和上東征伝』にみえるが、この場合も東大寺との関係は不明であり、ともに別当であったという確証が存在しない。

では、東大寺関係の史料にみえる別当をみてみると、最も早いものでは神護景雲元年（七六七）八月三十日付の「阿弥陀悔過料資財帳」に別当として聞崇の名がみえる。(182)この聞崇であるが、先にみたようにこの神護景雲元年前後は少都維那でしかなく、到底寺家の長官である別当であったとは考えられない。したがって、ここにみえる別当とは寺家別当ではなく、東大寺内の阿弥陀悔過の行われていた阿弥陀院(183)の別当であったと考えるべきである。

次に、別当としての署名が正倉院文書にみえるのは、神護景雲四年（七七〇）から宝亀二年（七七一）にかけての写経所関係の文書に奉栄と圓智の名が別当としてみられる。(184)しかし、これは写経所の別当であり、同様に別当として造東大寺司の主典である美努連奥麻呂の署名もみられ、(185)寺家別当ではなかったと考えられる。つまり、この写経所は本来造東大寺司の下部組織の写経所のことであり、彼らは少鎮であった実忠の下で同様に写経所に関係していたことが、その署名の位置から明確となる(186)。そして、宝亀四年（七七三）正月七日の「倉代西端雑物出入帳」に、「右。爲用吉祥（祥）悔過所借下。付別當僧德意」とみえる(187)。しかし、德意の名がみえるのはこれのみであり、翌二月には德懿と字が異なるが大仏殿への畳の下用使となっており(188)、その内容は寺家別当が行うこととは考えられない。

ただし、宝亀二年（七七二）二月二十三日付の「十市布施屋守曾禰刀良解」に別当大法師として法正の名がみえる(189)。この法正は前節でみたように、金光明寺時代から三綱に加わっており、東大寺となっても大都維那や可信を経験し、三綱の寺主となるなど実務派の僧侶であったと考えられる。また、教学面でも修多羅衆の大学頭であり、寺務・教学の両面にわたって活躍していることから、別当としての資格は十分に認められる。ただ、別当としての署名が他にはみえず、寺家別当であったかどうかの確証は得られない(190)。

以上から、法正については寺家別当であった可能性があるものの、奈良時代の東大寺に寺家別当が存在していたということは史料からうかがうことはできない。したがって、東大寺において寺家別当が『延喜式』にみられるような制度として成立したのは平安時代以降であったと推測できる(191)。

そして、それ以降に別当としては延暦六年（七八七）六月の「東大寺使解」(192)に「僧綱別當《律師兼》律師傳燈大法師位」とみえるが、これには「病」とあり署名がなく人物を特定することはできない。ただし、『僧綱補任』によると延暦六年の時点での律師として、東大寺僧としては等定と玄憐の二人がいる。

このうち、等定は第七代別当とあるが、等定は桓武天皇の師と称される程天皇と密接な関係にあり、そのために遷都問題に絡んで東大寺に送り込まれたと、佐久間竜氏は指摘している[193]。しかし、等定が「別当次第」で肩書きとして付されているように大僧都となったのは延暦十六年（七九七）であり[194]、別当となったとされる延暦二年（七八三）の時点では未だ僧綱の一員ではなく、先に挙げた原則とは矛盾する。さらに、『僧綱補任』には「治四年」とあり、このことは「別当章」にも注記があり[195]、第八代永覚の別当任期と重複している。しかも、その重複しているのがこの延暦六年である。

そして、この「別当次第」や『東大寺要録』の記載以外に、等定と東大寺との関係を示す当時の史料はなく[196]、神護景雲二年（七六八）八月には西琳寺の大鎮僧であったことがみえ[197]、東大寺僧ではなかったと考えることができる[198]。そのため、等定が東大寺別当であった可能性はほとんどなく、むしろ玄憐の方がこの延暦六年時点での別当であった確立が大きい[199]。

その後、東大寺別当として実際に署名がみえるのは修哲である。前節でみたように、修哲は延暦十五年（七九六）から延暦二十一年（八〇二）まで東大寺寺主であったが、延暦二十三年[200]（八〇四）以降弘仁四年[201]（八一三）まで別当として署名している。

ところで、空海は第十四代別当として、弘仁元年（八一〇）から四年間その職にあったことになっている。また、別当就任に関しての東大寺の見解では実忠が空海を迎えたとなっている[202]が、空海は大同元年（八〇六）に唐より帰国してから同四年まで入京を許されておらず、弘仁元年は入京後間もない頃であり、この時期は高雄山寺にあった。したがって空海が東大寺別当となるには時期的にも無理があり、この弘仁初年には別当として修哲の名が正倉院文書にみえることからも、空海が東大寺別当となった可能性はないといえる[203]。

さらに、第二十代の心恵であるが、「次第」によると延喜二年（九〇二）に六十九歳で興福寺維摩会の講師となっている心恵がみえるが、同一人物としてその時の年齢から逆算すると、別当となった承和元年（八三四）は心恵の誕生年に当たり、この年に別当就任が無理であったことを証明している。また、第二十三代の僧正真雅であるが、承和十四年（八四七）から嘉祥三年（八五〇）までの四年間別当の任にあったと記載されているが、嘉祥二年（八四九）九月頃より第二十六代の別当として「別当次第」に記されている真昶の別当としての署名が残っている。[204] そして、真昶は「別当次第」の記載の通り貞観十三年（八七一）閏八月までは別当であったことが確認でき、真昶に替わって祥勢が別当になっている。[205] したがって、「別当次第」にある第二十三代真雅から第二十五代の済棟までは、記載されている時期には別当でなかったことが明らかとなる。その結果、「別当次第」の第二十五代までの別当については、虚偽が含まれているということとなる。

ところで、初代の別当である良弁に対する評価であるが、草創期以来の寺家を代表する立場にあったことに間違いはなく、「別当次第」等の史料では天平勝宝四年（七五二）に初代別当に任じられている。しかし、「実忠二十九ヶ条」には「故僧正賢大法師」と、良弁を僧綱位・僧位で表してはいるものの、別当という記載はなく、「寺内一事已上政知」という表現がとられ、別当に補せられたとは書かれていない。さらに、「正倉院文書」等の史料にも「賢大法師」[206] あるいは「少僧都」[207]「大僧都」[208] としての署名はみられるが、別当としての署名はみられない。

ただし、「実忠二十九ヶ条」の第一条によると、天平宝字四年（七六〇）正月の勅により「寺内一事已上政知」るという立場に就くことを公式に命じられている。これは天平勝宝四年（七五二）の時点で東大寺内で独自に別当が設けられて、天平宝字四年に朝廷によって公認されたことを意味するとも取ることができる。しかし、これ以後も別当としての署名は全くみえず、単に良弁に東大寺の寺務を統轄することが公式に命じられたと考えられる。

このことは、天平勝宝八歳（七五六）五月には大僧都へと進み、既に僧綱の中で重きをなしていた良弁に対して、僧綱の不偏不党という立場を超えて、再び東大寺の経営に参加することを命じたものという推測が成り立つ。つまり、僧綱入りする前後の天平末年より寺務組織からは一歩引いていた良弁に対して、名実ともに改めて東大寺の経営を一任したものと考えられるのである。(209)そして、そのような立場にあったために良弁が改めて寺家別当に就く必要はなかったのであろう。また、寺家別当の起源が奈良時代の造寺別当にあるとするならば、(210)造寺司に寺家側から関与し、寺内における指導者であった良弁が後世別当として認識されていたのも当然のことである。(211)

さらに、「別当次第」の二十五代の別当をみてみると、ほとんどの者が僧綱位を冠しており歴代別当の権威付けがなされ、特に空海と真雅を別当の一人に加えているのは、真言院が置かれて以降東大寺で真言密教が重要な位置を占めていたことが判る。同時に、真言・天台両宗にみられる密教の平安仏教界に占める割合が大きく、東大寺においても真言宗による権威付けに頼らざるを得なかったという一面もうかがえるのである。そして、空海・真雅というような真言宗の重要人物が「別当次第」の「舊次第」に含まれているのは、「舊次第」が真言系の僧によって書かれたという指摘があるが、(212)むしろ初期別当が華厳宗であることから考えて、華厳宗の僧がその法脈を基に書いたのではないかという考え(213)に従いたい。

そして、「舊次第」の作成のための史料として華厳宗の法脈が使用されていたとすると、実忠は華厳宗の法脈には含まれていなかったのだろうか。しかし、「実忠二十九ヶ条」の第二一条には、

一、奉二仕華嚴供大學頭政一事。

とあり、合わせて二度、二十一年にわたって華厳供の大学頭を務めたという経歴が記されており、普通は実忠の教学面での活躍の一端を示すものと考えられている[214]。ただし、「別当次第」には別当として実忠の名がなく、華厳宗の法脈に含まれていなかったとすると、教学面での寺内に占める割合は後世考えられているほどは大きくなかったのではないかと推測できる。そのために、実忠は造寺面等の活躍にもかかわらず、後世に権別当という評価しか得られなかったのではないだろうか。

さらに、佐久間氏が疑問とされているように、「実忠二十九ヶ条」で「権別當」と「修理別當」という二つの肩書きが存在し、実忠が権別当であったというのは万寿二年（一〇二五）十二月二十九日の太政官牒[215]に「聖武天皇草創寺家。以實忠被置權官」とあるのみで、権別当としての署名は見当たらない。また、未だ別当制の成立がみられない奈良時代に聖武天皇が権別当に任じ、以後「繼踵无絶[216]」ということは当然有り得るはずがない。したがって、実忠が権別当であったというのは後世の東大寺内で伝説化した評価に過ぎず、「東大寺權別當實忠二十九个條事」というのは『東大寺要録』編纂時に付けられた名称であり、冒頭にみえる、

東大寺伝燈大法師實忠年八十五

奉二仕行事一注二顯寺家内外雜事一

合廿九條。

というのが本来の名称であった。

ところで、東大寺において別当制が制度として成立したのはいつ頃からかということが問題となる。奈良時代末から平安時代初めの東大寺にあっては、良弁そして親王禅師という指導者が存在していたと考えられるが、以後は目立った指導力を持つ者が存在せず、そのために寺家別当を置く必要が生じたのではないだろうか。

平安時代初めに、史料に別当としての署名がみられる者を挙げると、

修哲　延暦二十三年六月二十日～弘仁二年九月二十五日
施秀　弘仁十四年二月十九日～天長三年九月一日
円明　承和五年八月三日～承和六年六月二十一日
真昶　嘉祥二年九月十日～貞観十三年閏八月十四日
祥勢　貞観十三年閏八月十四日～貞観十六年

以上であるが、ここに挙げた者以外として、先にみた玄憐が延暦六年の時点で別当であったであろうと推測できる。また、真昶と祥勢の交替に際しては印蔵官符が存在し(217)、以後の別当に関しては印蔵官符に従っての記載であり、「別当次第」は信頼できる。ただし、真昶については補任時の官符がなく、祥勢と交替する時の官符しかないために、別当補任の時期が間違って記載されているのである。

この印蔵官符とは『延喜式』に「遷代之日。即責㆓解由㆒」(218)とある解由状のことであり、この解由制度は貞観十二年十二月二十五日格(219)によって始められている。そのために、貞観十三年の真昶と祥勢の交替以降の官符しか残ってはいないのである。

したがって、貞観期以前の修哲・施秀・円明の三人については解由状が残っておらず、東大寺別当として承認されていなかったという推測ができる。このうち円明については先に述べたように訂正がなされているものの、修哲・施秀の二人については全く無視されているのである。施秀は別当としての署名が確認できるだけで、その経歴等については不明であるが、一方の修哲の場合は明らかに東大寺側から抹消されているのである。

修哲については、宝亀二年（七七一）に写経所に居たことが確認でき[220]、さらに延暦十五年（七九六）八月二日から同二十一年十一月二十一日までは東大寺寺主としての署名が残っている[221]。そして、同二十四年十一月五日の「雙倉北雑物出入継文」には「律師兼別当」として署名しており[222]、同二十五年正月にも「律師伝灯大法師位」としての自署がある[223]。その後、大同二年（八〇七）九月には「以綱政不修及對詔使無礼」として律師を罷免されているが[224]、弘仁元年（八一〇）九月に律師に再任されている[225]。その間も別当の職にあったことが確認でき[226]、東大寺別当としての署名は弘仁二年まで続いている[227]。

しかし、東大寺において寺主・別当という要職を歴任し、僧綱にも律師として参加していたにもかかわらず、『僧綱補任』には、

修哲同日任。不知本寺師主。

とあり、同時に東大寺にあっても修哲の存在は歴史から抹消されているのである。このことは、修哲が律師に再任していた弘仁三年十月二十八日に「官家功徳封物。停レ収二東大寺一。収二造東西二寺諸司一。出納充用之色。一依二前例一[228]」という、東大寺の封戸のうち官家功徳分二千戸が停止され、官戸に収納

するという措置がとられている。つまり、政府の東大寺に対する政策の後退ということと同時に、東大寺側からすれば寺家の経済的な特典の消滅という危機感が生じたものと推察される[229]。そのために、寺家に対する不利益を行った一人として、その時の僧綱の一員で、律師であった修哲は寺家の歴史から抹消されたのではないだろうか。

しかし、別当制の成立という面から修哲をみてみると、史料上の初見である「東大寺地相換記」は造寺所の土地に関して別当として署名している[230]。そして、以後の署名は寺家の資財の管理という面から「雙倉北雑物出入継文」にみえる。このことから、修哲の寺家管理は広義でいう東大寺に及んでいるものと考えられ、東大寺における寺家別当制は修哲をはじめとして考えられる。

修哲は先に述べたように東大寺の歴史からは抹消されているが、この別当就任は寺主という要職を経験していることに加えて、僧綱入りをしているということが、良弁以来の指導者としての東大寺側の期待が大きかったのではないだろうか。そして、寺家の期待が大きかっただけに律師として僧綱に参加していた時に、寺家にとって不利益になることを行った結果、その期待を裏切った修哲が東大寺から抹殺されたのも当然であろう。

ところで、修哲が寺主であった時に上座の任にあったのが実忠であり、修哲が別当となってからも造東大寺所の知事や、上座と知事を兼任し、最後は修理別当となっている。しかし、修哲が寺家の長官である別当という職に就き僧綱にも参加しているのとは対照的に、実忠はあくまでも寺内のみでの活躍であり、地位からいえば修哲の下に位置する[231]。また、たとえ実忠は修哲の下であっても、修哲が寺家の期待を担っている限りは実忠もその地位に甘んじていたのであろう。

しかし、修哲がその期待に反したということで事態は変わり、実忠としても自ら別当の職に就こうとしたのではないだろうか。すなわち、そのための上表文として成立したのが「実忠二十九ヶ条」であったのではないかと考えられる。ただし、「実忠二十九ヶ条」の成立に関して永村真氏は、九十歳を超えた実忠が「更なる寺家所司就任を目論んでいたとは考えがたい」といっている(232)。確かに、実忠の年齢を考慮するならば、永村氏のいうように考えるべきであるが、永村氏は修哲に関して東大寺内からの期待という面からのみ考えているが、寺家の歴史から抹殺されているということには触れていない。

さらに、実忠は「実忠二十九ヶ条」で自ら述べているように、良弁の目代であったという意識を強く持っており、上院僧衆の一人という自負を持っていたことは充分に有り得る。そのために、修哲に替わる別当としての就任を望んでいたのではないだろうか。そのことは、「実忠二十九ヶ条」の各条の本文中に「此造寺官人悉共知也」(第一条)、「寺内大衆所二共知一也。」(第一三条)というような表現が採られ、自らの業績を強調し、「寺内大衆」の評価が得られているということが大いに強調されているのも決して偶然ではないであろう。

そして、「実忠二十九ヶ条」を注顕した意図を末尾で、

夫惟嘉運難レ可二再逢一。既逢必立二其業一。身居不レ可二再生一。既生必修二其所以一。遭レ時无レ功。先聖爲レ之憚歎有レ身无レ行。後賢以レ之爲レ耻。爰實忠有下幸生二聖朝世一。託中有道之邦上。名貫二緇倫一稱爲二釋子一。身得二閑居一号爲二法衆一。空蒙二信施之恩一。徒受二國家之食一。緬惟二此重嘖一。豈可レ遑二寧處一。然則須臾之頃。若爲二徒然一。是故一生之際。所二奉仕一行事畧注顯如レ件。庶幾具二上件事一。流二示於後

代一。古人云。歩嚢之。見二在事心一。薄弁之言。着二於陽化一。誠以虚死不レ如レ顕レ功。身不レ如レ報レ徳者。然則法師實忠。生年既入二九十員一矣。待レ死猶如二秋葉待一レ風。於レ斯慨然不レ立レ功。以徒死也。除レ此亦有二何所一レ望耶。仍注二顯上件事一。牒如レ右。

と、「牒」して文を結んでいるのである。つまり、実忠が別当職就任という最後の望みを託して上表したものであると考えられる。そして、実忠は東大寺内における地位は上座・修理別当を最高とし、それも名誉職としての就任ということが考えられ、寺務組織内で決して中心的な立場にあったとは考えられず、寺内における評価は現在考えられている程は高くなかったのではないだろうか。

おわりに

以上、実忠について当時の東大寺で如何なる立場・評価を得ていたのかについて、寺務組織を中心に考察を行った。そして、造営事業をはじめ、別当・三綱といった組織の変遷の中で、実忠の立場がどのように変化していったのかということにも考察を加えた。

その結果、実忠の東大寺における約半世紀にわたる活動は、大きく二つの時期に分けられる。先ずは、良弁—親王禅師という強力な指導者が存在していた時代であり、造東大寺司による造営が行われていた時代であった。

この時期に実忠は良弁の目代となったのをはじめとして、造寺司が本来行うべき諸事業に僧侶として参加し、種々の功績を挙げている。また、寺務組織にあっても、東大寺では一時期にしかみえない鎮が置かれた時に少鎮となり、その後都維那を経ず寺主となっている。しかし、これらのことは良弁や親王禅師という指導者の命に従った結果であり、自ら中心となって行ったことではなかった。つまり、良弁生存中は良弁の忠実な弟子として、その命に従い、良弁死後その意を受けた親王禅師という指導者の下で活躍の場を得ているのである。

その後、造東大寺所が新たに置かれ、寺務組織の構成員がかつての上院僧衆に替わって第二世代の僧となると、前時代の業績により上座や造寺所の知事を経て、造寺所の修理別当となっている。実忠は造営・寺院経営の両面にわたってその足跡を残している。しかし、それらはあくまでも良弁という東大寺の絶対的な指導者に、見出されることによって、自らの力を発揮することができたのである。そして、東大寺内で長老的な立場になると同時に、かつての業績に対する評価は徐々にではあるが高くなって行き修理別当となるが、造寺所の管理は三綱によって行われており、三綱と同格あるいは格下であった造寺所の名誉職に就いたに過ぎないのであろう。

また、東大寺で別当制が始まった時、存命していたにもかかわらず別当職には就いていない。このことは、初代の別当と考えられる修哲が寺内のみならず、僧綱入りを果たしているのに対して、実忠の活動が東大寺を中心として行われており、同時に指導力の欠如ということが原因ではないだろうか。そして、別当であった修哲が僧綱の一員として、寺家側の歴史からは抹殺される程の寺家への不利益を行うと、実忠自ら寺家別当への就任を望み、上表文として提出されたものが「実忠二十九ヶ条」であったのではないかと考えられる。

ところで、実忠の活動は決して当時の僧侶にとっては、特筆するようなことではなかったのかもしれない。ただ、実忠の場合は「実忠二十九ヶ条」という史料が幸運にも残ったために、その業績が比較的詳しく判明するのであり、良弁の弟子の中では安寛・平栄・法正らの方が、実際は遥かに優れた業績を残していたのかもしれない。

註

（1）薗田香融「平安仏教の成立」（中村元他編『アジア仏教史日本編Ⅱ平安仏教』、佼俊社、一九七四年）。
（2）筒井寛秀・杉山二郎「実忠和尚覚書──造仏所研究のうち（二）──」（『美術史』第四九冊、一九六三年、のち筒井寛秀『学僧多忙』所収〈学生社、一九九〇年〉）。
（3）森蘊「実忠和尚の業績」（『奈良を測る』、学生社、一九七一年）。
（4）松原弘宣「実忠和尚小論──東大寺権別当二十九ヶ条を中心にして──」（『続日本紀研究』第一七七号、一九五五年）。
（5）伊藤義教「二月堂の修二会」（『ペルシア文化渡来考』、岩波書店、一九八〇年）。
（6）佐久間竜「実忠」（『日本古代僧伝の研究』、吉川弘文館、一九八三年、初出は「実忠伝考」として『名古屋大学日本史論集』上巻所収〈吉川弘文館、一九七五年〉）。
（7）山岸常人「東大寺二月堂の創建と紫微中台十一面悔過所」（『南都佛教』第四五号、一九八〇年、のち「二月堂の成立」として『中世寺院社会と仏堂』所収〈塙書房、一九九〇年〉）。
（8）「実忠二十九ヶ条」に付けられている日付には「弘仁六年四月廿五日」とある。
（9）松原前掲註（4）論文。
（10）佐久間前掲註（6）論文。
（11）井上薫『奈良朝仏教史の研究』（吉川弘文館、一九六六年）。
（12）「実忠二十九ヶ条」の内容分類は、松原・佐久間・山岸各氏も行っているが、ここでは各氏を参考とした上で私見に基づいて分類を行った。

(13) 森郁夫「わが国古代における造営技術僧」(『學叢』第一一号、一九八九年)。
(14) 『続日本紀』延暦八年(七八九)三月戊午(十六日)条。
(15) 『東大寺要録』巻第一本願章第一所収「孝謙天皇御宇年表」。
(16) 『大日本古文書』五巻一三二～一三三頁。
(17) 『大日本古文書』五巻六七・一三二頁。
(18) 『大日本古文書』一五巻四六八・五〇一頁。
(19) 岸俊男「越前国東大寺領庄園をめぐる政治的動向」(『古代學』第一巻第六號、一九五二年、のち『日本古代政治史研究』所収〈塙書房、一九六六年〉)。
(20) 福山敏男「奈良時代に於ける石山寺の造営」(『日本建築史の研究』、桑名文星堂、一九四三年)。
(21) 天平宝字六年(七六二)に上院あるいは上院務所とみえるものは、正月二十二日の上院牒(五巻六七八頁)、三月二日の上院務所牒(五巻一三二～一三三頁)、『大日本古文書』の編者が天平宝字六年として類収したものに、正月二十二日の上院請斧文(一五巻三〇九頁)、六月五日上院牒(一五巻四六八～四六九頁)、八月十九日上院牒(一五巻五〇一頁)が挙げられる。
(22) 松原前掲註(4)論文。
(23) 鷺森浩幸「奈良時代における寺院造営と僧」(『ヒストリア』第一二一号、一九八八年)において、「上院とは、良弁の居所に付属し、事務機構を備えた、良弁の種々の活動を支える役割を負う機関で、当時、良弁の居所が東大寺と石山寺にあったのに対応して、双方に存在した」と考えており、大体これに従いたいが、上院が東大寺と石山寺の双方にあったということに関しては従い難く、良弁に付属して移動していたのではないかと考える。
(24) 『大日本古文書』五巻六七～六八頁、一五巻五〇一頁。また、天平宝字六年(七六二)十一月三十日の石山院牒には「石山寺寺主」(五巻二七八頁)、同年閏十二月日の石山院牒には「少鎮兼寺主」(五巻三二八頁)とみえる。
(25) 『大日本古文書』一五巻三〇七・四六八～四六九頁。
(26) 『大日本古文書』五巻六七頁。この時「史生僧円栄」とみえ、僧綱の史生であったが良弁の下へ派遣されていた（鷺森前掲註〈23〉論文）。
(27)『大日本古文書』一〇巻六二六頁。
(28)『大日本古文書』一六巻一二頁。
(29)『大日本古文書』一六巻一一頁。
(30)『大日本古文書』一六巻二三頁。
(31) 国中公麻呂に関しては、小林剛「国中連公麻呂」（奈良国立文化財研究所学報第三冊『文化史論叢』、一九五五年）、浅香年木「国中連公麻呂に関する一考察」（『続日本紀研究』第四巻第一号、一九五七年）、清水善三「国中連公麻呂」（『日本美術工芸』四〇〇号、一九七二年）等の研究がある。ところで、大仏師と称されていることについて坂本太郎・平野邦雄編『古代氏族人名辞典』（吉川弘文館、一九九〇年）の解説には「造仏の技術的指導者（彫刻作家）ととらえる見解もあるが、造仏長官・造東大寺司次官という地位からみて単なる仏工ではなく、造営事業を統轄した事務官人だったとみるべき」とあるが、「実忠二十九ヶ条」の第二・三条によれば、技術的指導者としての面もうかがえるのではないだろうか。
(32) 宝亀元年五月には「左大弁兼造西大寺司長官播磨守」とみえ（『大日本古文書』四巻一九七頁）、同五年十月にも「左大弁兼造西大寺司長官」とあり（「大和京北三丈班田図」）、この宝亀三年の時点で造東大寺司長官であったかどうかは不明である。
(33) 筒井・杉山前掲註（2）論文。
(34) 松原前掲註（4）論文。
(35) 松原前掲註（4）論文。
(36)『大日本古文書』四巻一五九頁。なお、安寛に関しては佐久間竜「安寛」（前掲註〈6〉著書所収、初出は「東大寺僧安寛について」として『続日本紀研究』第五巻第一一号所収〈一九五八年〉）、および拙稿「東大寺僧安寛と平栄」（本書第二章）参照。
(37) 佐久間前掲註（6）論文。ただし、佐久間氏はこの時安寛が上座であったという前提で考えているが、天平宝字六年（七六二）十二月にみえて以降は上座としての署名はなく、この時にも上座とは書かれておらず、上座であったかどうかについては疑問となる。また、上座であったとしても、この時は上座としてではなく、あるいは私的な行動であったとも考えることができ、ここでは一応佐久間氏に従うこととする。

(38) この時の造東大寺司の官人の移動については岸俊男「東大寺をめぐる政治的情勢」(『ヒストリア』第一五号、一九五六年、のち註〈19〉著書所収)に詳しい。
(39) 松原前掲註(4)論文。
(40) 山田英雄「早良親王と東大寺」(『南都佛教』第一二号、一九六二年)。
(41) 山岸前掲註(7)論文。
(42) 舟ヶ崎正孝『国家仏教変容過程の研究』(雄山閣、一九八五年)。この第二〇条の訓みについては舟ヶ崎氏の見解に従い「平城宮御宇天皇の朝廷で宮禅師として例奉仕したこと件の如し」とした方がよいであろう。
(43) 堀池春峰「恵美押勝の乱と西大寺小塔院の造営」(日本歴史考古学会編『日本歴史考古学論叢』、吉川弘文館、一九六六年、のち『南都仏教史の研究』下　諸寺篇所収〈法藏館、一九八二年〉)。
(44) 頭塔については、堀池春峰「奈良の頭塔について」(『大和文化研究』第九巻第五号、一九六四年、のち前掲註〈43〉著書所収)、森蘊「頭塔」(前掲註〈3〉著書所収)等がある。
(45) 『続日本紀』宝亀四年(七七三)閏十一月甲子(二十四日)条。
(46) 『続日本紀』延暦四年(七八五)冬十月庚午(八日)条には「癈㆓皇太子㆒」するとあり、この皇太子は早良親王のことである。
(47) 田中嗣人「寺院工房成立以前——仏師集団の移行——」(『元興寺仏教民俗資料研究所年報』、一九七一年)。
(48) 『公卿補任』『続日本後紀』等に散見する。なお、詳細については田中前掲註(47)論文の〔表二〕参照。
(49) 大河直躬「造東大寺所と修理所」(『建築史研究』三五号、一九六四年)、田中前掲註(47)論文。
(50) 大河前掲註(49)論文、田中前掲註(47)論文、浅香年木『日本古代手工業史の研究』(法政大学出版局、一九七一年)。
(51) 『大日本古文書』家わけ第十八東大寺文書之二・三七九頁(家わけ文書の場合は、冊数・頁数で示す)。
(52) 前掲註(51)で実忠とともに知事として道応・安禎・薬上・肆現が署名している。さらに、大同年間(八〇六

〜八一〇）には安禎・景秋・慈冠（『大日本古文書』二五附録正倉院御物出納文書五五〜五八頁）、安禎・真良・慈冠・光栄（前掲註〈51〉に同じ）の名がみえる。

(53)『延喜式』巻二十一玄蕃寮別当三綱条。また、『日本三代実録』貞観十八年（八七六）三月七日条には「東大寺造寺所知事僧。遷替之日。責二其解由一」と制せられている。

(54)『大日本古文書』二五巻正倉院御物出納文書五五〜五六頁。

(55)『大日本古文書』東大寺文書二・三七九頁。

(56)『大日本古文書』二五巻正倉院御物出納文書六七〜七〇頁。

(57)『大日本古文書』二五巻正倉院御物出納文書五五〜五六・五八頁。

(58)『大日本古文書』二五巻正倉院御物出納文書六八頁。

(59)橋本政良「古代寺院運営における三綱の役割とその遷任について」（『ヒストリア』第九五号、一九八二年）、特に以後の知事から三綱への移動は橋本氏が作成した「別当三綱補任表」による。

(60)『大日本古文書』東大寺文書一・一一七頁。

(61)『大日本古文書』東大寺文書一・一一八頁。

(62)『大日本古文書』東大寺文書一・一一九〜一二〇頁。

(63)『大日本古文書』東大寺文書一・一二一頁。

(64)『大日本古文書』東大寺文書一・一二二〜一二三頁。

(65)『大日本古文書』東大寺文書一・八九頁。

(66)『大日本古文書』東大寺文書一・九三頁。

(67)『大日本古文書』東大寺文書一・九五頁。

(68)橋本前掲註（59）論文。

(69)『大日本古文書』東大寺文書一・一四五頁。

(70)橋本前掲註（59）論文。

(71)『大日本古文書』東大寺文書二・三八二頁。

(72) 実忠の生年は不明であるが、弘仁六年（八一五）四月二十五日の日付を持つ「実忠二十九ヶ条」の冒頭には「東大寺傳燈大法師實忠年八十五」とあることから天平三年（七三一）が生年と考えられていた（松原・森・伊藤）。しかし、結文の「生年既入二九十員一矣」とあることから、これを単なる文飾とはせずに、実忠が九十歳であったと考えられている（佐久間）。本章では生年には触れないために、あえて抽象的な表現を採る。

(73) 清水善三「平安時代初期における工人組織の一考察」（『南都佛教』第一九号、一九六六年）では、実忠が造営作業の技術的指導者であったという前提で、「実忠が諸工人の指導において彼の技術的能力を発揮しえたのは、良弁の目代、及び撿挍造寺司という実忠の基本的職務に必然する結果ではなく、むしろ前述のごとき偶然的な辞退に付随するものであったと判断すべきもののようである」と考えている。しかし、なぜ国中公麻呂が辞退したことで実忠が良弁に指名されているのかについては、説明不足ではないかと思われる。

(74) 三綱については、橋本前掲註（59）論文をはじめ、同「三綱の職務と律令格式」（姫路短期大学『研究報告』二六号、一九八一年）、同「三綱の刑罰執行職務」（『続日本紀研究』第二三六号、一九八四年）、鷺森浩幸「僧尼令における三綱」（『南都佛教』第六三号、一九八九年）等が挙げられる。

(75) 井上光貞他校注日本思想大系『律令』（岩波書店、一九七六年）補注7―3a。

(76) 橋本前掲註（59）論文。

(77) 加藤優「東大寺鎮考――良弁と道鏡の関係をめぐって――」（『国史談話会雑誌』第二三号、一九八二年）。ただし、加藤氏は可信・目代・鎮等を「寺官」と称しているが、寺「官」という表現ではなく、寺内の「職」としたほうがよいと思われ、寺職と称すべきであると考える。

(78) 『延喜式』巻二十一玄蕃寮別当三綱条。

(79) 堀池春峰「金鐘寺私考」（『南都佛教』第二号、のち『南都仏教史の研究』上　東大寺篇所収〈法藏館、一九八〇年〉）。佐久間前掲註（6）論文。

(80) この律師就任は『七大寺年表』のみにみえ、『僧綱補任』にはみえない。

(81) 中井真孝「奈良時代の僧綱」（井上薫教授退官記念会編『日本古代の国家と宗教』、吉川弘文館、一九八〇年）。

(82) 『大日本古文書』にそれぞれ、上座としての安寛については三巻三九二・四五九・四六一頁に、寺主として平栄は三巻五二三頁、一二巻四二頁、都維那として法正は三巻四六二・五二三頁、九巻六四三頁、一〇巻八二・四四一頁、一二巻一七九・二六六・三三二・三五二頁、仙主は一二巻一七八頁にその名がみえる。
(83) 天平勝宝三年（七五一）十一月十二日の「東大寺律宗牒」には大学頭安寛・少学頭法正とみえ（一二巻一七八頁）、天平勝宝六年（七五四）二月二十二日の「大修多羅衆牒」には大学頭法正の名がみえる（三巻六四六頁）。
(84) 永村真『中世東大寺の組織と経営』（塙書房、一九八九年）。
(85) 上座として平栄は天平勝宝八歳（七五六）八月の「東大寺三綱牒」（四巻一八二頁）以降、天平宝字四年（七六〇）十一月の「摂津国安宿王家家地倉売買券」（四巻四五一頁）までその署名がみられるが、翌天平宝字五年（七六一）には上座として安寛の署名がある（四巻一九二・五二二頁等）、そして平栄は寺主として署名している（四巻五二一頁）。
(86) 『令義解』僧尼令有私事条。
(87) 佐久間前掲註（6）論文、中井前掲註（81）論文。
(88) 『大日本古文書』四巻五二一頁。
(89) 橋本前掲註（59）論文。
(90) 『続日本紀』天平勝宝八歳（七五六）五月丁丑（二十四日）条。
(91) 『大日本古文書』一二巻三三二頁。
(92) 『大日本古文書』一二巻二六六頁。
(93) 『大日本古文書』四巻一八六頁。
(94) 『大日本古文書』一〇巻六二六頁。
(95) 『大日本古文書』三巻三九二・四五九頁。
(96) 前掲註（95）に同じ。
(97) 『大日本古文書』三巻四六二頁。
(98) 『大日本古文書』一二巻三三二頁。
(99) 『大日本古文書』一六巻三八七頁に「前三綱目代」として定具の署名がみえる。

(100)『大日本古文書』一六巻四〇〇頁に「本三綱目代」として満勝の署名がみえる。
(101)『大日本古文書』四巻一九〇頁。
(102)『大日本古文書』三巻四六二・五二三頁、九巻六四三頁、一〇巻八二・四四一頁、一二巻一七九・二六六・三三一・三五二頁。
(103)『大日本古文書』四巻一八二・四四八・四五一頁。
(104)前掲註(103)に同じ。
(105)前掲註(102)に同じ。
(106)『大日本古文書』一九巻一四二頁。
(107)『類聚三代格』所収承和二年(八三五)十一月七日太政官符。
(108)『大日本古文書』五巻一三三頁、六巻四・五・三四・四二〜四八・八二頁、一六巻五一八・五七三頁、一七巻一五四〜一五六・一七三〜一七五・二三八〜三三〇・四八八・五一一・五一四頁、一八巻二一・二五・一一二・二六〇・四五九・四七二・五四四・五四六・五七二・五七三頁。
(109)『延喜式』巻二十一玄蕃寮別当三綱条。
(110)前掲註(107)太政官符に「大中小鎮」とある。
(111)佐久間前掲註(6)論文。
(112)加藤前掲註(77)論文。
(113)『大日本古文書』三巻五一三〜五一四頁。
(114)『大日本古文書』四巻九六頁、また『続日本紀』天平勝宝八歳(七五六)五月丁丑(二十四日)条にも「法華寺鎮慶俊」とみえる。
(115)『大日本古文書』四巻二八頁。
(116)『大日本古文書』五巻七〇二〜七〇三頁。
(117)『大日本古文書』五巻三二八、一五巻二四九・三七五・四九五・四九七頁。
(118)『大日本古文書』五巻五一九〜五二〇頁。

(119)『大日本古文書』四巻五二九頁。
(120)「西琳寺文永注記」。
(121)『大日本古文書』二三巻一六九頁。
(122)「西大寺資財流記帳」。
(123)『大日本古文書』九巻六〇六頁。
(124)『平安遺文』第一〇巻六〇〇三号文書。
(125)「多度神宮寺伽藍縁起資財帳」。
(126)「行基年譜」。
(127)拙稿「東大寺僧安寛と平栄」(本書第二章)参照。
(128)『大日本古文書』一六巻五六八頁。
(129)『大日本古文書』四巻一九六頁。
(130)『大日本古文書』五巻五四三頁には「東大寺家野占寺使法師」として越前国足羽郡に赴いたことが、『万葉集』巻第十八第四〇八五番には東大寺占墾地使僧として越中国に赴き越中国守大伴家持の饗を受けたことがそれぞれみえる。
(131)検田使として越中国東大寺庄の野地を勘定し図籍を作り署名(『大日本古文書』四巻三九三頁、五巻六四五頁)。寺田勘使として越前国足羽郡の東大寺庄を点定し図籍を作り署名(『大日本古文書』四巻三九三頁)。
(132)平栄ついては拙稿「東大寺僧安寛と平栄」(本書第二章)参照。
(133)『大日本古文書』三巻二七一・四六〇・四六二頁、九巻六四三頁、一〇巻六三五頁、一二巻一七八・一七九頁。
(134)田村圓澄「僧官と僧官制度」(『飛鳥仏教史研究』、塙書房、一九六九年、はじめ「古代僧官考」として『史林』第四七巻第一号所収〈一九六四年〉)。ところで、佐久間氏は前掲註(6)論文において「知事とは、三綱の下での具体的な実務の推進役であった」と考えているが、平栄に関する認識が不足しており、知事の職務を誤解していると思う。
(135)『大日本古文書』四巻一八九頁。

(136)「雙倉北雑物出用帳」の天平勝宝八歳（七五六）から天平宝字三年（七五九）までの署名者のうち、葛木戸主の姓は「宿祢」とあり、『続日本紀』天平宝字元年（七五七）五月丁卯（二十日）条では「宿祢」とみえるものの『続日本紀』天平勝宝八歳（七五六）十二月乙卯（十八日）条および同九歳の「造東大寺司沙金請文」（『大日本古文書』一三巻二〇七頁）には「連」とあり、天平勝宝年間（七四九〜七五七）は「連」姓であったと考えられ、この間の記載に矛盾が生じる。このことに関して、水野柳太郎氏の御教示によれば、天平勝宝九歳（七五七）正月二十一日と天平宝字三年三月二十五日の出蔵記録は「沙金桂心請文」（『大日本古文書』一三巻二〇七頁、一四巻二七九頁）を基に、また天平勝宝八歳（七五六）十月三日は（『大日本古文書』一四巻二七九頁）を基に後世整理作成された部分であったということである。つまり、ここに「知事承教」の記載が含まれており、承教が実際に知事であったかどうかは疑問となる。なお「雙倉北雑物出用帳」については、柳雄太郎「正倉院北倉の出納関係文書について」（『書陵部紀要』第二七号、一九七五年）参照。
(137)『大日本古文書』三巻二七一・四六〇・四六二頁、九巻六四三頁。
(138)『大日本古文書』一二巻一七八・一七九頁。
(139)『大日本古文書』五巻七〇二〜七〇三頁。
(140)『東大寺要録』巻第六封戸水田章第八所収、延暦十二年（七九三）三月十一日僧綱牒。
(141)『大日本古文書』三巻五一三頁、五巻三二八頁、五巻七〇二〜七〇三頁。
(142)牛山佳幸「律令制展開期における尼と尼寺――その実態についてのノート――」（『古代中世寺院組織の研究』、吉川弘文館、一九九〇年）。
(143)佐久間前掲註（6）論文。
(144)加藤前掲註（77）論文。
(145)天平宝字八年（七六四）の大臣禅師任命から、宝亀元年（七七〇）の造下野薬師寺別当としての左遷までとする。なお、横田健一『道鏡』（『人物叢書』一八、吉川弘文館、一九五九年）参照。
(146)加藤前掲註（77）論文。
(147)文室浄三が仲麻呂の乱後に御史大夫辞任の職分を全給されたことについては、加藤前掲註（77）論文にあるように「道鏡が自派に取り込もうとして働きかけたこと」と考えることもできるが、もしそうならば浄三は中立の立場をとっていたのであろう。

(148) 『続日本紀』宝亀四年(七七三)閏十一月甲子(二十四日)条。
(149) 『延喜式』巻二十一玄蕃寮別当三綱条。
(150) 『平安遺文』第一巻一四号文書。
(151) 「東大寺別当次第」には良弁資として安寛・標瓊・鏡忍・良興・良恵・忠恵がみえる。また、これ以外に佐久間前掲註(6)論文には、平栄・平摂・智憬・法正が良弁配下の俊秀として挙げられている。
(152) 『大日本古文書』五巻五一九頁。
(153) 『大日本古文書』四巻一九六頁。
(154) 『大日本古文書』六巻一二一頁。
(155) 「東大寺別当次第」所引。
(156) 『大日本古文書』一六巻四二二頁。
(157) 「七大寺年表」には延暦二年(七八三)に「卒去歟去職歟」、「天応元年師資序」には「延暦三年入滅」とある。
(158) 延暦十七年(七九八)三月に卒とある(『扶桑略記抄』二)。
(159) 『大日本古文書』二五巻正倉院御物出納文書五三頁。
(160) 永村前掲註(84)著書。
(161) 『延喜式』巻二十一玄蕃寮別当三綱条。
(162) 『類聚三代格』所収、貞観十三年(八七一)九月七日太政官符。
(163) 『延喜式』巻二十一玄蕃寮別当三綱条。
(164) 中井前掲註(81)論文。
(165) 竹内理三「延喜式に於ける寺院」(『律令制貴族政権』第Ⅱ部、御茶の水書房、一九五八年)。
(166) ここでいう「東大寺別当次第」は以後にあるように特定の書名ではなく、東大寺の別当の系譜が書かれたものの総称として使用している。

(167) 東大寺図書館蔵。
(168) 東大寺図書館蔵。
(169) 永村前掲註（84）著書。
(170) 堀池春峰「弘法大師と南都仏教」（中野義照編『弘法大師研究』、吉川弘文館、一九七八年、のち前掲註〈43〉著書所収）。
(171) 牛山佳幸「寺院別当制と交替解由制」（『古文書研究』第一九号、一九八二年、のち「諸寺別当制の展開と解由制度」として前掲註〈142〉著書所収）。
(172) 加藤優「良弁と東大寺別当制」（奈良国立文化財研究所創立三〇周年記念論文集『文化財論叢』、同朋舎、一九八三年）。
(173) 永村前掲註（84）著書。
(174) 東大寺別当制については、筒井・杉山前掲註（2）論文や橋本前掲註（59）論文において疑問が呈せられているものの、明確な考証は行われていない。
(175) 東大寺教学部編『東大寺』（学生社、一九七三年）には「良弁なきあと、その高弟として権別当となり、東大寺の諸伽藍の造営に心をくばった」とある。また、最初に挙げた実忠に関する研究においてもほとんど触れられていない。
(176)『大日本古文書』東大寺文書一・二二〇頁。
(177)『日本文徳天皇実録』斉衡三年（八五六）九月三日条によると大僧都で卒している。また、『僧綱補任』の承和十年（八四三）条には「三論宗。西大寺」とある。
(178)『僧綱補任』斉衡三年（八五六）条。
(179)『僧綱補任』貞観六年（八六四）条。
(180)『大日本古文書』四巻二九〇・三一二頁、一三巻四八三頁。
(181)『続日本紀』宝亀三年（七七二）三月丁亥（六日）条。
(182)『大日本古文書』五巻六八三頁。

(183) 山岸前掲註（7）論文。
(184) 奉栄に関しては『大日本古文書』六巻四・四二～四四頁、一七巻二三八～二四九・四八八頁、一八巻四七二頁。圓智は一七巻二三八・二四六・二四七・二四九頁にみえる。
(185) 前掲註（108）（182）参照。
(186) 前掲註（108）（182）参照。
(187) 『大日本古文書』六巻四六五頁、二一巻二三四～二三五頁。
(188) 『大日本古文書』六巻四六六頁、二一巻二三五頁。
(189) 『大日本古文書』六巻二一〇～二一一頁。
(190) 牛山氏は前掲註（142）論文において、この「十市布施屋守曾禰刀良解」に記載されている「別当大法師法正」の「別当」の文字の書体・墨色からのちに書き加えられたものとして、法正が別当であったことには疑を呈している。
(191) 例えば、『類聚三代格』所収延暦十七年（七九八）六月十四日太政官符で「定僧綱幷十五大寺三綱法華寺鎮等従僧」めているが、ここには別当についての規定はない。また、橋本前掲註（59）論文参照。
(192) 『大日本古文書』二五巻正倉院御物出納文書、三三一～三三三頁。
(193) 佐久間竜「等定」（前掲註〈6〉著書所収、初出は「東大寺僧等定について」として『日本歴史』第二八五号所収〈一九七二年〉）。
(194) 『日本後紀』延暦十六年（七九七）正月辛丑（十四日）条。
(195) 第七代等定の項に「補任治四年云々」とある。
(196) 『東大寺要録』には実忠資として散見するが、これ以外の史料では「大安寺崇道天皇御院八嶋両處記文」に「東大寺登定大僧都」とみえるのが根拠となっているが、訓みは同じであっても字が異なる。また、六国史にも梵釈寺との関係はみられるが、東大寺との関係については触れられていない。
(197) 「西琳寺文永注記」には「大鎮神護景雲二年記云。大鎮僧等定。」とみえる。
(198) 拙稿「等定と東大寺」（本書第三章）参照。

(199) 堀池春峰氏によれば、玄憐がさらに延暦十二年（七九三）頃にも別当であったということであるが、史料にはなく不明とするしかない。
(200) 『大日本古文書』東大寺文書二・五五九頁。
(201) 『大日本古文書』二五巻正倉院御物出納文書八五頁。
(202) 前掲註（175）書。
(203) 堀池前掲註（170）論文。
(204) 『大日本古文書』東大寺文書二・五六四頁。
(205) 『大日本古文書』東大寺文書一・七頁。
(206) 『大日本古文書』三巻五二六頁。
(207) 『大日本古文書』四巻一九五頁。
(208) 『大日本古文書』四巻一九二・一九三頁、一五巻一七七・二四一頁等にみえる。さらに「大僧都堅太法師」（四巻一九四頁）、「僧正進守賢大法師」（四巻一九五頁）ともみえる。
(209) 加藤前掲註（172）論文。
(210) 竹内前掲註（165）論文。
(211) 加藤前掲註（172）論文。
(212) 堀池前掲註（170）論文、加藤前掲註（172）論文。
(213) 永村前掲註（84）著書。
(214) 佐久間前掲註（6）論文。
(215) 『大日本古文書』東大寺文書一・五〇頁。
(216) 前掲註（215）に同じ。
(217) 牛山前掲註（142）論文。
(218) 『延喜式』巻二十一玄蕃寮別当三綱条。
(219) 『日本三代実録』貞観十二年（八七〇）十二月二十五日条。

(220) 『大日本古文書』一八巻四四八頁。
(221) 『大日本古文書』二五巻正倉院御物出納文書三頁。
(222) 『大日本古文書』二五巻正倉院御物出納文書四七八頁。
(223) 『平安遺文』第八巻三二三二頁。
(224) 『類聚国史』巻八十七。
(225) 『日本後紀』弘仁元年(八一〇)九月己未条。
(226) 『大日本古文書』東大寺文書二・五五九頁。
(227) 『大日本古文書』二五巻正倉院御物出納文書八五頁。
(228) 『日本後紀』弘仁三年(八一二)十月癸丑(二十八日)条。
(229) 永村前掲註(84)著書。
(230) 『大日本古文書』東大寺文書二・五五九頁。
(231) 永村前掲註(84)著書。
(232) 永村前掲註(84)著書。

補

「表一　東大寺・寺務組織一覧表」において、「出典」で単に数字のみで記しているものは『大日本古文書』編年文書の巻数と頁であり、「東」は『大日本古文書』家分け第一八東大寺文書の巻数と頁を示している。そして、「正」は『大日本古文書』二五巻正倉院文書出納文書と頁を意味している。なお、「文書名」については『大日本古文書』に依った。

第二章　東大寺僧安寛と平栄

はじめに

奈良時代の東大寺においては、華厳教学研究の中心として、あるいは総国分寺として良弁の下に多くの僧が集まっていたと考えられるが、その中でも三綱の一員として活躍した僧として安寛と平栄が挙げられる。この安寛と平栄の二人については、早くから寺家の運営に関与しており、ともに良弁の弟子であったといわれている。しかし、安寛と平栄ともに纏まった伝記が伝わっておらず、明確に両者の関係を述べることはできない。

確かに、寺内での両者を比べると、安寛のほうが年長あるいは兄弟子という立場にあったのか常に上位を占めており、僧綱においても安寛が大律師となったのに比べて、平栄は僧綱の佐官でしかない。さらに、「東大寺別当次第」[1]に引用されている「天応元年師資序」には、

天応元年師資序云。良弁資安寛律師・標瓊律師・鏡忍律師 宝亀五年二月廿四日鏡忍任律師。延暦三年入滅。

とみえ、良弁の弟子の主だったもの三人が列挙されており、安寛が記されているのに比べ、一方の平栄の名はみえない。以上のことから、明らかに安寛のほうが平栄よりも重きをなした存在として伝

わっていたと考えられるが、実際に平栄の足跡を辿ってみると、決して安寛に劣らないものがあると思われる。

したがって、本章においては安寛と平栄について、それぞれの東大寺運営における立場、僧綱における地位等を考察することで、両者の関係が従来考えられているようなものであったのかどうかを明らかにし、さらには良弁との関係についても改めて考察してみたい。

一、安寛

各寺院の運営を行っていた寺務組織に関しては、『延喜式』巻二十一玄蕃寮別当三綱条に「凡諸寺以別當爲長官。以三綱爲任用」とあり、別当を中心に三綱がその任に当たっていたことが判る。しかし、ここにみえる別当については奈良時代まで遡及することが可能であるかどうかは甚だ疑問であり、僧尼令をみる限り寺内の僧尼の統制等に関わるものとしては三綱しかその名はみえず、寺院運営のための組織としては本来は三綱が基本であったと考えて差し支えはないであろう。

すなわち、奈良時代における寺務組織としては三綱が中心となり寺院運営が行われていたが、その組織拡大等のために、奈良時代中期以降には三綱が大少に分化し、知事・可信・目代・鎮などの職名がみえるようになるのである。

この傾向は、東大寺でも同様にみられるが、東大寺にあってはその創建以来、常にのちの別当的な立場で寺家を代表し、指導者として活躍した人物としては良弁が知られている。しかし、『東大寺要録』等では寺家別当就任が伝えられてはいるが、良弁が実際にどのような立場で寺家の経営に関わっていたのかは当時の史料よりはうかがい知ることはできない。ただし「納櫃本経検定并出入帳」の天平十五年（七四三）三月の記載に、

廿三日出奉藏經四卷　浴像功徳經一巻「四月一日且納赤万呂」　並上坐大徳宣出奉受平攝師
又灌仏經一巻依同宣受同師「小野朝臣「九月十日納赤万呂」　田邊眞人
辛國人成」
四月二日出虚空藏經一局　依良弁大徳宣、令請大宅命夫所、付光明寺沙弥玄
「納了　赤万呂」赤万呂

とあり[2]、これにより良弁が東大寺の前身である金光明寺三綱の上座であったという指摘が行われている[3]。

天平十五年の時点で良弁が三綱の上座であったことが認められるとしても、果たして金光明寺が東大寺と称されるようになる天平二十年（七四八）頃にも三綱であったかどうかは明らかではなく、むしろその前後には三綱から一歩退いていたのではないだろうか。というのも、『続日本紀』天平勝宝三年（七五一）四月甲戌（二十二日）条には良弁の少僧都任命記事があり、多少疑問はあるものの『七大寺年表』には天平十七年（七四五）の条に律師としてみえている。すなわち、僧綱の不偏不党という立場を考慮に入れるならば[4]、僧綱入りを果たした時点で寺院経営からは当然離れたとみるほうが自然であり、実際、天平末年より良弁の名は東大寺関係の文書に三綱としての署名はみられない。

そして、寺内における影響力がなくなったとは考えられないが、表面上寺家の経営より遠ざかるこ

ととなった良弁に替わり東大寺の運営を行ったのは、当然良弁の弟子である東大寺僧――良弁の居所である上院を中心に僧団を形成していた僧達であった。その中でも、早い時期より三綱を構成していた者として、安寛・平栄・法正らの名がみえる。

そのうちの安寛については、佐久間竜氏がその伝についての考察を行っているが[5]、道鏡との関係など私見と相違する部分もあり、佐久間氏の考察に負うところが多いが、今一度考察を行いたい。

安寛の史料上の初見は、天平十五年（七四三）の「律論疏集傳本収納幷返送帳」に、

十二月

四日納六巻抄三巻　第四　第五　第六　以十六年四月十五日返使人成

右安寛師所　受人成

とあり[6]、この時には東大寺の前身である金光明寺において師位僧であった。また、天平十八年四月にはその宣によって借経を行っており[7]、「宣」を発する立場にあったことが判る。

その後、大仏開眼が行われる以前には既に上座としての署名がみられ、遅くとも天平勝宝二年（七五〇）五月には上座となっていた[8]。

ところで、三綱に関しては『令義解』僧尼令自還俗条に「三綱者。上座。寺主。都維那也」とみえ、『令集解』同令同条に引用する古記に「三綱。謂寺主。上座。都維那也」とあることから、上座・寺主・都維那を三綱と称したことが明らかとなる。そして、一般には上座は一寺の長老、寺主は寺院の運営を、都維那は寺の一切の事務を司る役であったと考えられている[9]。

すなわち、この時点で上座であったということは、先にみた史料に三綱として記されていないとし

ても、以前より三綱の一員となっていた可能性を推測することは充分に可能であろう。そして、この時点での上座職は良弁の後を受けて就任した可能性があり、安寛が良弁の弟子であるならば、寺内においては良弁に次ぐ立場であったと推測することができる。

ただし、この時安寛が上座として署名しているのは天平勝宝二年（七五〇）のみであり、それ以降では天平宝字五年（七六一）三月までその署名はみえず[10]、その間天平勝宝三年（七五一）十一月十二日の「東大寺律宗牒」に大学頭としての署名がみえる[11]。この記載からは、安寛は華厳に加えて律にも造詣が深かったと推測できる。

しかし、凝然の『三国仏法伝通縁起』中巻の法相宗の項には、

良辨弟子或有華嚴法相兼學。如安寛律師。標瓊律師。鏡忍律師。

とある。これは、同書に師である良弁が義淵の上足として華厳・法相兼学と記されており、そのため先にみた「天応元年師資序」にみえる三人が華厳・法相の僧として後世に伝わったものであろう。

このことについては、年月未詳ではあるが「僧智憬章疏本奉請書啓」[12]に、

法相宗	大學頭光教師　維那師寂雲	小學頭仙寂師　玄愷師
三論宗	大學頭諦證師　維那徳懿師	小學頭洞眞師
律宗	大學頭安寛師　維那仙主師	小學頭法正師
倶舎宗	大學頭善報師　維那勝貴師	小學頭朗賢、
成實宗	大學頭光暁師　維那賢融師	小學頭憬忠師

と記されており、ここでも安寛は律宗の大学頭という記載があり、法相宗との関係をうかがうことは

できない。ただし、安寛が法相を学んでいたという可能性はあるものの、史料をみる限りは経典類の貸借も律宗関係の聖教類が多く、[13]安寛は律宗の研究を主に行っていたといえる。

その後、天平宝字三年（七五九）十二月の「献物出用帳」に安寛の名がみえるが、この時点では上座としてではなく単に「僧安寛」としてみえる。[14]ここに名がみえるのは、東大寺を代表してのことであると考えられるが、その肩書きが何ら記されていないことより、既に上座の職を退いていたと考えられる。

ところで、「雙倉北雑物出用帳」の天平宝字五年（七六一）三月二十九日と翌六年十二月十四日には再び上座としてその名がみえるが、[15]この時は僧とのみ表記されるのではなく「三綱上座」としてみえる。[16]天平勝宝八歳（七五六）八月以降天平宝字四年（七六〇）十一月まで[17]は平栄が上座となっており、安寛の場合は再任であった。しかし、普通三綱内では、都維那→寺主→上座という移動であったと考えられるのに対して、この時の安寛の再任によって平栄は上座より寺主へとなっており、史料をみる限り上座から寺主への移動はみられず、降格といってもよいのではないかと思われ疑問となる。

ところで、『続日本紀』天平勝宝八歳（七五六）五月丁丑（二十四日）条には、

丁丑。勅。奉㆓為先帝陛下㆒屈請看病禪師一百廿六人者。宜㆑免㆓當戸課役㆒。但良弁。慈訓。安寛三法師者。並及㆓父母兩戸㆒。然其限者終㆓僧身㆒。（以下略）

という記事があり、同月乙卯（二日）に崩御した聖武太上天皇のために看病に当たった僧に対しての褒賞が行われており、そこに良弁とともに安寛の名がみえる。これは、安寛が内道場に看病禅師として活動していたことを示す。

安寛がいつ内道場に入ったかは不明であるが、このことに関しては天平勝宝四年（七五二）十一月九日の「東大寺三綱牒」に「大學頭内参向」とみえ、[18]佐久間氏の指摘されているようにこの大学頭は安寛と考えられ、天平勝宝四年の時点では既に内道場に入っていたと考えてよいであろう。さらに、そのことを証明するものとして、天平勝宝五年（七五三）の「東大寺安寛請経文」に、

奉請

　如意陀羅尼經小巻

右、爲大御多末尓将誦請如前、

又釋摩界陀羅尼

又花嚴經壽命品

　　天平勝寶五年九月廿三日付沙弥定矜

　　　僧安寛

とみえ、[19]明らかに聖武太上天皇の病気快癒を目的としてのものと思われる。ただし、安寛は本来は律宗の大学頭であったにもかかわらず、内道場において看病禅師として活動しているが、これは多分に師である良弁の影響が大きいのではないだろうか。

ところで、「雙倉北雑物出用帳」には天平宝字五年（七六一）三月に「猬皮一両施安寛師」とみえ、[20]一緒に施しを受けているものには「唐曇浄師」「法進師」「明智師」と三人の名がみえる。このうち法進はこの時には律師であり、鑑真の後を受け東大寺戒壇・唐禅の二院を任されている。他の二人については詳らかではないが、曇浄が曇静と同一人物とすると、鑑真に従い来朝した唐僧の一人というこ

とになる。安寛を含むこの四人の僧が如何なる基準で施しを受けたのかは不明であるが、聖武太上天皇不予に際して看病禅師であったためか、あるいは引き続き内道場に関係していたために優遇されたのではないだろうか。

　さて、話は前後するが『続日本紀』に安寛とともに名のみえる良弁と慈訓の二人は、先の文に続いてそれぞれ大僧都・律師に任じられている。この両者に関しては多分に論功行賞的な意味を含んだ任命であったと思われるが、安寛については何も触れられてはいない。この時の、安寛の功績に対する政治的な配慮によって、先にみたように安寛が東大寺上座に再任されたとも考えられるが、それにしては時期的にかなりのズレが生じ、安寛の上座再任の理由は不明としかいいようがないであろう。

　また、「雙倉北雑物出用帳」に、

九月

十一日下御大刀肆拾捌口　黒作大刀肆拾口

御弓壹伯參枝梓八十四枚　槻六枝　阿恵一枝　檀九枝　肥美一枝　蘇芳一枚　水牛角弓一枝

甲壹伯領桂甲九十領　短甲十領

靫參具納矢二百卌隻　背琴漆靫壹具納矢五十隻

胡禄玖拾陸具各納矢

納櫃貳拾貳合弓櫃五合　韓櫃十六合　矢櫃一合　並着鏁子布綱二条

以前依安寛法師今日宣獻内裏如件即付安寛師

天平寶字八年九月十一日

造寺司判官佐伯宿祢真守
主典志斐連麻呂
使法師安寛
三綱
可信
大僧都賢太法師

とみえるが[21]、この日は『続日本紀』天平宝字八年（七六四）九月乙巳（十一日）条によれば恵美仲麻呂の乱が勃発した当日であり、安寛は「宣」により、正倉院に納めてあった武器を内裏へと運ぶ使者となっている。この宣を誰が発したかは特定できないが、同様に安寛がこの当時寺内でどのような立場にあったのかは不明である。しかし、同六年までは上座であり、寺家を代表する僧の一人であった者が自ら使法師となっていることを考えると、良弁の指示であったと考えてもよいのではないだろうか。

ただし、仲麻呂の乱に際して良弁の動向は明らかではないが、造東大寺司においては仲麻呂派から反仲麻呂派への人事の交替が行われており[22]、寺家においても孝謙太上天皇・道鏡側についたのではないかと考えられている[23]。

普通、この乱に関しては仲麻呂対孝謙・道鏡という図式でみられているが、これは乱後に道鏡が異常な昇級をしたためであり、実際は乱に際しては仲麻呂と孝謙との対立に因を発しているものである。したがって、良弁の場合僧綱の一員であり、孝謙の父母である聖武・光明子との関係の深かった東大寺[24]にあっては反仲麻呂の姿勢をとるのは当然であり、寺家の趨勢としても同様であったものと考えられる。

また安寛については、乱後の十月には「大律師大禪師[25]」としてみえる。僧綱入りを果たし同時に大禅師となったということから、佐久間氏は道鏡との深い関係を示唆している。しかし、東大寺と天皇家との浅からぬ関係を考えると、たとえ道鏡政権下での任命であったとはいえ、良弁の地位には変化はみられないことからも、そう簡単に結び付けることはできない。

つまり、既にみたことではあるが、安寛は聖武太上天皇不予に際しては、看病禅師として内道場にあり、その功績によって特に褒賞されている。その後、内道場を辞したかどうかは定かではないが、大禅師となっているということは、引き続いて内道場に居たと考えることができる。孝謙の内道場・看病禅師といえば、すぐに道鏡の名が浮かぶが、かつて聖武太上天皇不予に際して内道場には、百二十六人の看病禅師が存在したことが『続日本紀』の記事より明白となり、常時数人が内道場に居たとしても何ら不思議ではない。そうすると、安寛は孝謙の内道場に居たと考えることが可能となり、安寛と道鏡との関係もむしろ孝謙との関係を重視するべきである。そう考えることで、安寛が使法師として自ら内裏に武器を進上していることも納得できるのである。

また、『延喜式』巻二十一玄蕃寮任僧綱条には「凡任二僧綱一者。必簡二其人一。奉レ勅定之」とあり、天皇の意志が僧綱人事に反映されていることは確実であり、いくら特殊な状況下にあったとしても、単純に道鏡の意志のみで僧綱人事が行われているとは考えられず、良弁に関しても何ら僧綱での地位に変化はみられないことからも明らかとなる。

そして、天平神護元年（七六五）四月五日の「僧綱牒」に「大律師進守大禪師」とみえるのを最後に安寛の名は史料上からは姿を消す。このことに関して佐久間氏は、死去によるものと道鏡一派との対立の二つの可能性を挙げて、その理由としては前者によるものが自然であると考えている。ただし、これは安寛と道鏡との関係が深いものであったという前提の上で導かれた結果である。[26]

今までみてきたように両者の関係は佐久間氏の考えているほど深いものではなく、対立があったという可能性もないことはない。しかし、安寛が道鏡程ではないにしろ女帝の信任を得ていたとするならば、たとえ道鏡といえども簡単に処分することは不可能である。道鏡失脚後も師良弁が健在で史料にその名がみえるのに対して、以後全く安寛の名がみえないことからも程なく死去したものと考える方が自然である。

以上、安寛に関する私見を述べてきたが、従来考えられているように安寛と道鏡の関係は深いものではなく、恵美仲麻呂の乱前後における行動も道鏡との関係で取ったものではなく、孝謙天皇との関係で考えたほうがよいであろう。さらに付け加えるならば、安寛が東大寺および僧綱などで占めた地位も、師である良弁の存在が大きく影響を与えていたものといえるであろう。

二、平栄

先にみた安寛とほとんど同時期に、その活動の足跡を残している平栄であるが、平栄を主題とする研究は見当たらない。佐久間氏によって政僧という評価が与えられているが、[27]これは平栄が東大寺運営に重要な役割を果たした僧であったということに起因している。それは、純粋に学問に精進していた僧に比べての評価であるが、佐久間氏が指摘しているように、初期の東大寺運営において平栄は決して欠くことのできない僧であったといえる。

平栄の初見は、安寛より僅かに早く天平十五年（七四三）七月に「律論疏集傳等本収納幷返送帳」に「平栄師」と記されており[28]、安寛と同様既にこの時点で金光明寺の師位僧の一人であった。

その後、天平十九年（七四七）十二月以降[29]、天平勝宝二年（七五〇）十月までは知事としてみえ[30]、翌三年以降は三綱の寺主としてみえる[31]。さらに、天平勝宝八歳（七五六）八月から天平宝字四年（七六〇）十一月までは三綱の上座としてみえるが[32]、天平勝宝七歳からは佐官という肩書きも加わってい[33]る。この佐官については『令集解』僧尼令有私条の註に「僧綱之録事」とあり[34]、僧綱内の補佐役として実務を担当し、大寺の三綱クラスの僧が充てられていた[35]。この平栄の場合は、特に少僧都でありかつ師であった良弁の意向が働いてのことであろう。

例えば、天平宝字五年（七六一）末から翌六年八月まで行われた石山寺の造営に際し、良弁がその造営に自ら、あるいはその私的な機関である上院務所を介して関与していたが、その上院務所の一員に円栄という僧がみられる。この時円栄は「史生僧」とみえるが[36]、これは僧綱の史生僧であり[37]、明らかに良弁の下に派遣されていたのである。つまり、良弁は大僧都として史生僧を使うことが許される立場にあり、そのためには自らの意に従順に動くことのできる者の方が都合がよいのは当然である。そして、同様に僧綱がその佐官を選ぶに際しては、その意志を介していたと考えるほうが自然であろう。

また平栄が僧綱の一員となったのは、佐官であったにしろ安寛よりは早いが、天平宝字五年（七六二）に安寛が上座に再任されると同時に、平栄は寺主となっている。奈良時代の三綱内での移動がどのように受け取られていたのか定かではないが、一般的に考えて一種の降格であったとも考えられる。しかし、僧綱の佐官は兼任しており、良弁あるいは何らかの意志が働き、この時安寛が上座に再任されたとすると、決して降格であったとはいいきることはできない。

ところで、平栄は天平勝宝三年（七五一）以降は寺主とみえ、この時点で知事より寺主へ転任したと考えられているが、同年十一月には再び知事とみえる。[38]知事については『延喜式』巻二十一玄蕃寮別当三綱条に「東大寺知事亦同」と規定されている知事とは別の職であり、『延喜式』に規定されている知事とは造東大寺所の知事のことと思われる。そして、この時平栄が任じられていた知事に関しては、三綱の下で具体的な実務の推進役、[39]あるいは寺主のことであったと考えられている。[40]しかし、知事が三綱の下に位置していたということは、今みた平栄の例からは認めることはできず、むしろ知事と寺主の名称の併用が考えられる。

さらに平栄以外には、知事として「雙倉北雑物出用帳」の天平宝字三年（七五九）三月に承教の名が以下のようにみえる。[41]

佐官平栄
三綱
知事　承教
都維那仙主

可信善季

この場合は、明らかに三綱の一員であり、事実翌四月には、

三綱

寺主承教

都那仙主

可信法正

とあり[42]、これをみる限りでは知事が寺主の別称であったと認められる。ただし、承教に関して、これ以後に三綱としては宝亀二年（七七一）から翌年にかけてに上座としてその名がみえるのみであり[43]、それまでの十二年間三綱としてはみえないことは不自然ではないだろうか。

「雙倉北雑物出用帳」に関して、冒頭の天平勝宝八歳（七五六）・同九歳にみえる造東大寺司の官人に葛木宿祢戸主の名がみえるが[44]、『続日本紀』天平勝宝八歳十二月乙卯条および同九歳「造東大寺司沙金請文」[45]では「連」姓とみえ矛盾が生じる。そのために、「雙倉北雑物出用帳」の冒頭部が後に「造東大寺司沙金請文」や「施薬院解」[46]等を基に整理作成されたものと考えることが可能であり、その記載の全てを素直に受け取ることはできない。

さらに、天平勝宝三年（七五一）八月に等貴が少知事としてみえるが[47]、知事が寺主の別称ということになると、この時の等貴は少寺主であったということになる。そして、等貴は実際に少寺主となっているが、その初見は天平宝字六年（七六二）三月の「東大寺牒」[48]であり、それ以前は都維那としかみえない[49]。したがって、この天平勝宝三年の時点で等貴が少寺主であったことは史料から認めること

はできない。

確かに、翌四年から東大寺三綱にあってもそれぞれ大少に分化していくことは認められ、大都維那法正[50]・少都維那聞崇[51]の名がみえる。しかし、東大寺において少寺主の初見は天平勝宝八歳（七五六）十一月五日の「奴婢見来帳」にみえる聞崇[52]である。ただし、聞崇の少寺主就任に関しては疑問があり、その事実を素直に認めることはできない。

聞崇はこれ以前には、先にみたように少都維那としてみえるが、この「奴婢見来帳」と天平神護三年（七六七）七月の「東大寺奴婢帳目録」に少寺主とみえるのみで[53]、これ以外は全て少都維那としてみえるのみである[54]。ただし、天平宝字四年（七六〇）には新薬師寺の上座僧として署名しているが、東大寺にあっては奴婢関係の文書にしか少寺主とみえない。これは聞崇あるいは東大寺三綱に何らかの事情があったと考えることができるが、ここでは不明としかいえない。

とにかく、等貴の少知事を少寺主と考えることには無理が生じ、したがって知事と寺主とを簡単に同一、知事が寺主の別称であると考えることはできない。また、平栄や聞崇が知事・少知事として名がみえるものに共通しているのは、奴婢に関する文書であるということであり、平栄が寺主であることが確実な期間であっても、寺家の資財に関するものについてはあえて知事という名称を使ったのではないかということが考えられる。

ところで、平栄は天平勝宝元年（七四九）五月には「東大寺家野占寺使法師[55]」「東大寺占墾地使僧[56]」として越前・越中国へと赴いている。さらに天平勝宝八歳（七五六）十月・十一月には佐官兼上座法師として因幡国高庭庄・阿波国新島庄の寺田を占定している[57]。ただし、天平宝字二年（七五八）

から翌三年にかけて再び越前・越中へと赴いているが、[58] その署名位置や「知開田地道僧」「知墾田地道僧」として承天が寺家側の責任者としての署名を行っていることから、この場合は寺家側の人間としてではなく、僧綱の一員として赴いたものであろう。[59] すなわち、これらのことより平栄が寺家を代表して、寺院運営における主要な資財の一つである荘園経営にも携わっていたことが判り、実務をこなせる僧として寺院運営に重要な位置を占めていたことは容易に推測できる。

なお参考ながら付け加えると、神護景雲元年（七六七）八月三十日の「阿弥陀悔過料資財帳」に平栄は「事知大法師」として署名しており、[60] これは平栄が阿弥陀院で行われた悔過のために使用されていた資財についての検校を行っていたことを示すものである。確かに、「知事」と「事知」では両者の名称は異なるが知事の職掌を考える上で、平栄が事知大法師として署名しているのは示唆的であると思われる。すなわち、東大寺にあっては、三綱の一員あるいはそれ以外の者であっても、寺家の資財を監督・検校する場合は、知事・少知事の職名を使用し、そして原則として知事は寺主が優先的に兼任していたと考えることもできる。

ところで、平栄は神護景雲四年（七七〇）五月九日の「雙倉北雑物出用帳」には「中鎮進守大法師」[61] としてみえる。すなわち、この年以前には僧綱佐官および東大寺三綱の職を退いていたと考えることができる。

鎮に関しては『続日本紀』宝亀十一年（七八〇）正月丙戌（二十日）条に「諸國國師。諸寺鎮三綱」とみえ、三綱と並行して諸寺に設置されていたことがうかがわれる。また「鎮三綱」とあり、『類聚三代格』収録の承和二年（八三五）十一月七日付の太政官符に「大中少鎮」とみえることから、三綱の上に位置するものであり、大中少の区別があると判るが、鎮の職務等に関して詳しく規定された史料はなく不明である。ただし、『延喜式』巻二十一玄蕃寮別当三綱条に「別當及尼寺鎭」とあり、平安時代には尼寺に置かれており、その表記から考えて、尼寺の別当、すなわち尼寺における長官的職であったと考えられる(62)。

しかし、これは『延喜式』成立時における結果であり、先の太政官符で設置が禁じられるまでは、僧寺においても鎮が置かれていたことは確実である。実際には、多くの寺院に鎮が設置されていたと推測されるが、史料の制限もあり管見に触れたものを一覧にしたものが**表2**である。

このうち、尼寺である法華寺に慶俊が鎮（大鎮）となっていることは注目に値するが、慶俊の法華寺鎮任命の理由は不明であるが、これは『延喜式』にみえる尼寺における別当的立場であったと考えられる。

また、弘福寺・石山寺・香山薬師寺においては鎮と三綱の兼務がみられる。ただし、香山薬師寺の大鎮であった性泰のみは、寺主であっても東大寺の寺主である。これは『東大寺要録』巻第六封戸水田章第八収録の延暦十二年（七九三）三月十一日の「僧綱牒」には、「去天平寶字六年潤十二月十七日有恩勅使。割於東大寺料一百戸。施入此寺永供養修造靈塔佛僧坊類料」とあり、東大寺の封戸が割かれて新薬師寺へ与えられており、その関係によって東大寺側からの資財の監査・監督という意味で大鎮として派遣されていたのではないかと推測できる。

しかし、香山薬師寺の場合は東大寺との関係によって東大寺寺主であった性泰が派遣されていたという特殊な事情があったが、他の弘福寺・石山寺に関してはそれぞれの寺の三綱が鎮を兼任している。

表2 諸寺鎮一覧

年号	西暦	月	日	記載文書等	寺院名	僧名	出典
天平勝宝三年	七五一	七	二七	近江国甲可郡蔵部郷墾田地売買券	弘福寺	大鎮兼大上座法師蓮勝 少鎮僧 栄猷	『大日本古文書』三巻五一三頁
天平勝宝五年	七五三	八	五	経疏出納帳	法華寺	大鎮 慶俊 少鎮（暇）	『大日本古文書』四巻九六頁
天平勝宝六年	七五四	八	九	下野寺鎮三綱牒	下野寺	大鎮 法慧 少鎮 永覚	『大日本古文書』四巻二八頁
天平勝宝八歳	七五六	五	二四	『続日本紀』	法華寺	鎮 慶俊	『続日本紀』
天平宝字二年	七五八			『行基年譜』	菅原寺	大鎮 福尋	『行基年譜』
天平宝字四年	七六〇	一一	七	摂津国西生郡美怒郷庄地売買券	新薬師寺	大鎮 平摂 少鎮 奉珎	『大日本古文書』四巻四九九頁
天平宝字五年	七六一	一二	二八	矢口公吉人解	近江国分寺	鎮僧 最信	『大日本古文書』四巻五二九頁
天平宝字六年	七六二	閏一二	二	石山院牒	石山寺	少鎮兼寺主 神勇	『大日本古文書』五巻三二八頁
天平神護元年	七六五	四	七	殖槻寺鎮三綱牒	殖槻寺	（鎮三綱）	『大日本古文書』五巻五一九～五二〇頁
神護景雲元年	七六七	九	一一	香山薬師寺鎮三綱牒	香山薬師寺	大鎮兼東大寺寺主性泰 少鎮 花柏	『大日本古文書』五巻七〇二～七〇三頁
神護景雲二年	七六八			神護景雲二年記	西琳寺	大鎮 等定	「西琳寺文永注記」
神護景雲四年	七七〇	五	九	雙倉北雑物出用帳	東大寺	中鎮 平栄 少鎮 実忠	『大日本古文書』四巻一九六～一九七頁
（宝亀五年）	七七四			造東大寺司牒	西隆寺	（鎮三綱）	『大日本古文書』二三巻一六九頁
宝亀一一年	七八〇	一二	二五	「西大寺資財流記帳」	西大寺	大鎮 善照 少鎮 恵融	『寧楽遺文』中巻
延暦　七年	七八八	一一	三	「多度神宮寺伽藍縁起資財帳」	多度神宮寺	鎮 賢中	『平安遺文』一巻
延暦　八年	七八九			延暦八年帳	西琳寺	少鎮 勝龍	「西琳寺文永注記」
—		—	—	間写経本納返帳	南寺	（南寺鎮御房）	『大日本古文書』九巻六〇六頁

鎮が三綱の上に位置したとすると、同系統の職ではなく、三綱に並行して存在していたのではないだろうか。つまり、寺家別当制が成立すると、『延喜式』にみえるように別当と三綱の関係は長官と任用の関係である。別当はあくまでも三綱の上位に位置し、

　別当―三綱

という図式となり、決して三綱との兼任は有り得ない。

したがって、後世の尼寺鎮は僧寺の別当的地位であったと考えられるが、奈良時代における鎮は三綱の上に位置するとしても決して寺家別当と同じ立場ではない。むしろ知事のように三綱に並行するものであり、その署名が土地の売買などの寺院資財に関するものにみえるのは、東大寺の例でみた知事と同じく寺家の資材管理という分野に関与するための職であったのではないだろうか。

さて東大寺においては、その職にあった僧の名は不明であるが、天平神護元年（七六五）十一月の「北倉代中間下帳」に中鎮とみえる[63]のが初見であり、この以前に東大寺にも鎮が設置されていたのであろう。そして、中鎮が平栄であったのに加え、少鎮には実忠の名がみえる。このことに関しては、『東大寺要録』巻第七雑事章第十所収の「東大寺權別當實忠二十九个條事」（「実忠二十九ヶ条」）の第一六条に、

　一、奉仕少鎮政撿挍造寺事。
　　合七箇年　自景雲元年至于寶龜四年也。

と記されており、実際に少鎮としての署名もみえる[64]。

また、『日本高僧伝要文抄』所引の『延暦僧録』第二の「沙門釋淨三菩薩傳」には、「配東大寺。朝

命任大鎮。兼法華寺大鎮。淨土院別當」とみえ、東大寺および法華寺の大鎮に文室真人浄三（智努）が任命されている。

ところで、東大寺における鎮の設置は他の寺院に比べて遅く、鎮の設置が確認できる期間は道鏡政権の時期とほぼ一致している。そして、この道鏡政権下における良弁の動向は明らかではなく、そのために東大寺での鎮の設置は、道鏡が良弁の活動を封じていた間の東大寺を運営する組織として、三綱の上にあって寺務執行のために設けられたものと指摘されている(65)。

浄三が実際に東大寺の大鎮であったかどうかは他の史料には見当たらないが、『延暦僧録』の記載を信じるならば、この大鎮任命には孝謙天皇と浄三の関係が大きく影響していると考えられる。さらに、『続日本紀』神亀五年（七二八）十一月乙未（三日）条によると、東大寺の前身である山房の造山房司長官となっており、東大寺との関係は浅からぬものがあった。そのための任命であったと考えられるが、むしろ良弁が道鏡に対抗するために、元御史大夫であり、孝謙に重んじられていた浄三を大鎮に招いたとも考えられるのではないだろうか。

また、少鎮であった実忠については、東大寺の運営を行う上で実務をこなせる僧であり、東大寺の造営にも関与していたことが、「実忠二十九ヶ条」によりうかがい知ることができる。そして、「実忠二十九ヶ条」の第一条には、

一、爲故僧正良弁賢大法師目代。奉仕造寺司政。

合七箇年　自天平寶字四年至神護二年。

とあり、早くから良弁の下で実務を行っていた。これは平栄にも共通し、先にみたように平栄も寺家

の運営に東大寺の草創期より携わっている。

また、平栄に関しては不明であるが、「実忠二十九ヶ条」の第二〇条には、

一、奉仕　朝庭事。

合十九年　自二天平勝寶五年一至二神護景雲四年一。

右平城宮御宇天皇。朝庭宮禪師例奉仕如件。

とあり、奉仕の期間を考慮に入れるならば、実忠は孝謙天皇の内道場に宮禅師として加わっていたと考えられる。

そうすると、実忠も浄三の場合と同様に、孝謙天皇・道鏡との関係があったともいえるが、実忠に関しては良弁の日代を経た上での少鎮就任であり、良弁との関係の方を重視するべきである。つまり、実忠は「実忠二十九ヶ条」において自らの経歴を記述しているが、その第一条には既にみたように良弁との関係を記している。また、この時点では実忠は東大寺の中にあっても未だ三綱ではなく、専ら良弁との関係で動いているのである。

そして、平栄も三綱や僧綱の佐官を経験しているとはいえ、あくまでも師である良弁の意向に従っての活動ではないだろうか。寺務組織にあって三綱として、あるいは知事をはじめ荘園経営にも関与しているという実務能力のために、この道鏡政権下という特殊な条件の下で、三綱の上に位置する鎮という職に就いたと考えられる。

良弁が道鏡にその活動を封じられていたとするならば、平栄・実忠といった良弁の意に忠実であり、かつ寺院運営に精通した実務のこなせる弟子を三綱の上に位置し、後世の別当と同じく寺務全般を統

轄・監督する鎮という職を臨時に設けたと考えられる。さらに、文室浄三の大鎮職が名誉職的な意味での任命であったとするならば、その下で実際に活動するものとして、良弁の信頼のおける弟子を中鎮・少鎮に配したともいえるだろう。

また、神護景雲四年（七七〇）五月に「中鎮進守大法師平栄」とみえるのを最後に平栄は史料より姿を消すが、実忠のほうは少鎮として宝亀二年（七七一）八月まで署名がみられ、以後も長く東大寺における活動が確認できることを考えると、この後そう遅くはない時期に没したものと考えられる。そして、「実忠二十九ヶ条」にみえるように、道鏡の失脚した後も実忠は何ら変わらずに東大寺内で活動していることよりも明らかである。

平栄は三綱・僧綱佐官という職を経て鎮になっているが、あくまでも良弁の意向に従ってのことであるが、これは平栄自身が実務に精通していたという理由によるものであった。ただし、安寛に比べてその教学面に関しては何も伝わってはいないが、平栄が東大寺の運営に果たした役割は非常に大きく、良弁に替わってその信頼を得て寺家の実際の運営を行っていたのであり、その存在は決して安寛に劣ることなく、東大寺の運営には欠かすことのできない存在であったといえる。

おわりに

以上、安寛と平栄についてそれぞれの経歴をみてきたが、ここで簡単にまとめてみたい。

先ず安寛に関しては良弁の弟子の筆頭とでもいうべき立場にあり、東大寺の運営にも重要な立場にあり、寺内における地位を良弁より受け継いでいたが、むしろその後半生に代表されるように、内道場の看病禅師あるいは僧綱の大律師となるなど良弁と同じ道を歩んでおり、対外的な面においてその才能を発揮し、特に教学面において良弁の後継者であったようである。ただし、大律師就任が道鏡政権下という特殊な状況下であったために、道鏡との関係が指摘されていたが、あくまでも良弁の指示があったのではないだろうか。

また、平栄に関しては安寛とは対照的にその才能は寺家の運営に関して発揮され、良弁が寺務組織を離れた後の東大寺を運営していく上で、特になくてはならぬ存在であったように思われる。実際の東大寺運営にあって、寺主・上座という三綱の要職を占め、その一方では知事・鎮という実務能力が尊ばれる職を歴任していることからも明白である。そして、僧綱の佐官にはなっているが、これも良弁に平栄の実務能力が認められていたために任じられたものであろう。

両者の寺内での立場を考えると、その果たした役割は似て非なるものであり、安寛が主に教学面において良弁の後継的立場にあったのに比べて、平栄は寺院運営面における後継者とでもいう立場であったと考えることができる。そして、両者が師位僧としてみえるのはほぼ同時期であり、安寛のほうが平栄より常に上位に位置する所以は、一つには安寛のほうが平栄に比べ僅かに年長者であった、ということが充分に考えられる。しかし、それぞれの良弁より引き継いだ役割を考慮するならば、教学面の安寛、運営面の平栄となり、そういう本来の立場では、おのずと安寛の方が重く扱われるようになったのであろう。

註

（1）角田文衞『新修国分寺の研究　東大寺と法華寺』（吉川弘文館、一九八六年）収録、「附録一・東大寺別当次第」（堀池春峰氏校訂）による。
（2）『大日本古文書』二四巻一七八・一七九頁。
（3）堀池春峰「金鐘寺私考」（『南都佛教』第二号、一九五五年、のち『南都仏教史の研究』上　東大寺篇〈法藏館、一九八〇年〉収録）。佐久間竜「慶俊」（『日本古代僧伝の研究』、吉川弘文館、一九八三年、初出は「慶俊の一考察」として『続日本紀研究』第四巻第一二号〈一九五七年〉に収録）。
（4）中井真孝「奈良時代の僧綱」（井上薫教授退官記念会編『日本古代の国家と宗教』、一九八〇年、吉川弘文館、のち『日本古代仏教制度史の研究』〈法藏館、一九九一年〉収録）。
（5）佐久間竜「安寛」（前掲註〈3〉著書収録、初出は「東大寺僧安寛について」として『続日本紀研究』第四巻第一二号〈一九五八年〉に所収）。以後安寛に関しての佐久間氏の見解は、特に注記しない場合はこの論文による。
（6）『大日本古文書』八巻八八頁。
（7）『大日本古文書』二四巻一七三頁。
（8）『大日本古文書』三巻三九二頁。
（9）井上光貞他校注日本思想大系『律令』（岩波書店、一九七六年）補注7—3a。
（10）『大日本古文書』四巻一九二頁。
（11）『大日本古文書』一二巻一七八頁。
（12）『大日本古文書』一三巻三六頁。ただし年月未詳ではあるが『大日本古文書』では天平勝宝五年（七五三）に類収する。
（13）『大日本古文書』八巻一八八頁、二四巻一九六・一九七・二七五頁。
（14）『大日本古文書』四巻三九四・三九五頁。
（15）『大日本古文書』四巻一九二・一九三頁。

(16)『大日本古文書』四巻一八二頁。
(17)『大日本古文書』四巻四五一頁。
(18)『大日本古文書』二五巻五三頁。
(19)『大日本古文書』一三巻四〇頁。
(20)『大日本古文書』四巻一九一頁。
(21)『大日本古文書』四巻一九四〜一九五頁。また、このことに関しては延暦六年(七八七)六月二十六日の「曝涼使解」に、

勘倉出張

天平寶字三年十二月廿六日出張

天平寶字八年九月十一日附安寛法師進　内裏

(以下略)

とみえる。
(22)岸俊男「東大寺をめぐる政治的情勢」(『ヒストリア』第一五号、一九五六年、のち『日本古代政治史研究』〈塙書房、一九六六年〉に収録)。
(23)佐久間竜「実忠」(前掲註〈3〉著書収録、初出は「実忠伝考」として『名古屋大学日本史論集』上巻〈吉川弘文館、一九七五年〉に収載)。
(24)堀池春峰前掲註(3)論文。
(25)『大日本古文書』四巻一九六頁。
(26)『大日本古文書』五巻五一九頁。
(27)佐久間前掲註(5)論文。
(28)『大日本古文書』八巻一八六頁。
(29)『大日本古文書』九巻六四三頁。
(30)『大日本古文書』三巻四六二頁。

(31) 『大日本古文書』三巻五二三頁。
(32) 『大日本古文書』四巻一八二頁。
(33) 『大日本古文書』四巻四五一頁。
(34) 『大日本古文書』一三巻一五頁。
(35) 中井前掲註(4)論文、佐久間前掲註(23)論文。
(36) 『大日本古文書』五巻六七頁。
(37) 鷺森浩幸「奈良時代における寺院造営と僧」(『ヒストリア』第一二一号、一九八八年)。
(38) 『大日本古文書』一二巻一七八・一七九頁。
(39) 佐久間前掲註(23)論文。
(40) 田村圓澄「僧官と僧官制度」(『飛鳥仏教史研究』、塙書房、一九六九年、初出は「古代僧官考」として『史林』第四七巻第一号〈一九六四年〉収載)。
(41) 『大日本古文書』四巻一八九頁。
(42) 『大日本古文書』四巻一九〇頁。
(43) 『大日本古文書』六巻四四六頁、一八巻四六〇頁。
(44) 『大日本古文書』四巻一八七~一八八頁。
(45) 『大日本古文書』一三巻二〇七頁。
(46) 『大日本古文書』一四巻二九七頁。
(47) 『大日本古文書』三巻五二五頁。
(48) 『大日本古文書』一五巻三七七頁。
(49) 『大日本古文書』四巻一八六・四四八・四五一頁。
(50) 『大日本古文書』一二巻二六六頁。
(51) 『大日本古文書』一二巻三三二頁。
(52) 『大日本古文書』四巻一八六頁。ただし、この時期の闇崇の記載については問題があり、これ以後では等貴が少寺主の初見となる。
(53) 『大日本古文書』五巻六七〇頁。
(54) 『大日本古文書』四巻一九四頁、五巻五三七〜五四〇・六三七・六五九頁、一六巻五〇五・五七三・五七七・五七九〜五八二頁。
例えば、「東大寺奴婢帳目録」と同年の天平神護三年（七六七）四月には少都維那とみえ、以後神護景雲二年（七六八）にも少都維那とみえる。
(55) 『大日本古文書』五巻五四三頁。
(56) 『万葉集』巻第十八第四〇八五番の題詞に、
天平感寶元年五月五日、饗東大寺之占墾地使僧平栄等、于時守大伴宿禰家持送酒僧一首。

とみえる。
(57) 『大日本古文書』家わけ第一八巻東大寺文書之二・二九一頁、『大日本古文書』四巻二〇六頁。
(58) 『大日本古文書』五巻五四三頁、四巻三九二・三九三頁。
(59) 例えば、僧綱が東大寺の占地に関して検校を加えていたことは、天平勝宝八歳（七五六）十一月の「阿波国名方郡新島庄券」（『大日本古文書』四巻二〇六頁）に、東大寺の三綱以外に「律師法師」として慶俊が署名していることからも明らかである。
(60) 『大日本古文書』五巻六八三頁。
(61) 『大日本古文書』四巻一九六頁。
(62) 鎮に関しては佐久間前掲註（23）論文、須田春子『律令女性史研究』（千代田書房、一九七八年）、加藤優「東大寺鎮考――良弁と道鏡の関係をめぐって――」（『国史談話会雑誌』第二三号、一九八二年）、牛山佳幸「律令制度展開期における尼と尼寺――その実態についてのノート――」（『古代中世寺院組織の研究』、吉川弘文館、一九九〇年）において考察されている。
(63) 『大日本古文書』一六巻五六六頁。
(64) 『大日本古文書』四巻一九七頁、六巻四・五・三四・四二〜四九・八二頁、一七巻一五四〜一五六・一七三〜

一七五・二三八〜三二〇・四八八・五一一・五一四頁、一八巻二一・二五・一一二・二六〇・四五九・四七一・五四四・五四六・五七二・五七三頁。

(65) 加藤前掲註(62)論文。

(66) 『大日本古文書』一七巻三二〇頁。

第三章　等定と東大寺

はじめに

東大寺に所属していたであろうことが判明する僧侶の数は、伝来する史料の数に比例して他の諸寺に比べ多いが、その数に比して正確な事蹟が伝えられている者の数は極めて少ないといえよう。さらに東大寺僧であり、かつ僧綱の一員であったにもかかわらず、正確なことが伝わらない者も多い。例えば、東大寺の創建ならびに寺院運営に尽力した良弁でさえ、決して事蹟が明確であるといい切ることはできない[1]。このことは、本章で取り上げる等定に関しても同じことがいえる。

ただし、等定に関してはいくつかの研究があり、その生涯については佐久間竜氏によって[2]、また梵釈寺との関係を中心には西口順子氏[3]が考察を行っている。一方、等定の弟子としては早良親王の存在が知られているが、早良親王との師弟関係については山田英雄氏による論考がある[4]。

このように、等定に関する研究はいくつかみられるが、何れも東大寺僧であり、実忠を師として天地院に住していた、また、早良親王の師であり桓武天皇の信任が厚かった、などの点において共通しているようである。

しかし、早良親王と桓武天皇両者の人間関係は、どちらかといえば相反する事柄であり、矛盾しているように思われる。すなわち、桓武天皇の同母弟であった早良親王は、桓武天皇の即位とともにその皇太子となったが、延暦四年（七八五）に藤原種継暗殺事件が発生すると事件に連坐して皇太子を廃されている。この事件の詳細は『続日本紀』から削除されているが、その理由は『日本後紀』弘仁元年（八一〇）九月丁未（十日）条の平城上皇の変に際して、藤原薬子とその兄仲成とを罪により宮中から追放することを柏原山陵（桓武天皇陵）に告げた嵯峨天皇の宣命に、

又續日本紀所レ載乃崇道天皇與二贈太政大臣藤原朝臣一不レ好之事。皆悉破却賜弖文。而更依二人言一弖。破却之事如レ本記成。此毛亦无レ礼之事奈利。今如レ前改正之状。差二参議正四位下藤原朝臣緒嗣一畏弥畏牟毛申賜久止奏。

とあることからも明らかとなる。そして、早良親王が御霊として畏怖される存在であったということは『日本三代実録』貞観五年（八六三）五月二十日壬午条の御霊会の記事に、

於二神泉苑一修二御霊会一（中略）所謂御靈者。崇道天皇。伊豫親王。藤原夫人［吉子］。及觀察使［藤原仲成カ］。橘逸勢。文室宮田麻呂等是也。並坐レ事被レ誅。冤魂成レ厲。

と、その筆頭にみえることよりも明らかであるが、一方の等定が『三国仏法伝通縁起』巻中「華厳宗」の項に、

實忠上足有二等定僧都一。是桓武天皇御師範也。

とあり、桓武天皇と師弟関係にあったとすれば全く対照的であるといえる。

さらに東大寺との関係については、等定が東大寺別当であったことに関してはその記載史料に問題

が生じており、加藤優氏[5]をはじめとする諸氏[6]によって信憑性について疑問視されており再考を要すると思われる。したがって、本稿においては実忠との師弟関係や東大寺別当であったことに関する真偽などの東大寺と等定との関係をはじめ、早良親王との関係あるいは桓武天皇との関係について考察を加えてみたい。

一、東大寺における等定

東大寺における等定に関しては、実忠に師事し、天地院に住していたと考えられている。これらのことは『東大寺要録』巻第四諸院章第四の「天地院師資次第」（以後「師資次第」と略す）に、

　天地院師資次第　依二古日記一

　僧正　良弁　次實忠資等定大僧都。ヽ資平仁已講。兼律宗（以下略）

とあり、同書巻第五「別當章第七」（以後「別当章」と略す）にも、

　第七

　　大僧都等定　實忠資　延暦二年癸巳任

　　　寺務五年　同二、三、四、五、六補任治四年云々

という記載があることから導き出されたことである。しかし、「師資次第」に関しては「依二古日記一」という注記が存在し、あくまでも伝説・伝承の域を出ないのではないだろうか。同じことは「別当章」にもいえ、等定についての記載部分は、その内容が疑問視されている「舊次第」に含まれ

ており、その別当就任に加え「實忠資」ということも再考を要すると考えられる。

先ず、等定と実忠の師弟関係であるが、等定は天平十年代に東大寺の前身である大倭国金光明寺に入ったと考えられている。また、奈良時代における得度・受戒の最低年齢はそれぞれ十五歳・二十歳であったという指摘があり(7)、これを等定にも当てはめることは可能であろう。

等定の生年に関しては詳らかではないものの、『日本後紀』延暦十八年（七九九）十二月庚寅（二十一日）条に等定の僧綱を辞さんとする上表文が収められている。その文中に僧綱に加わった年齢については「是以懸車之歳」とみえ、等定が律師となった延暦九年（七九〇）の時点で七十歳、またこの上表文の時点での年齢については「當今年垂㆓八十㆒」という表現があり、この時点で八十歳前であったことが判る。そうすると、等定が生まれたのは養老四年（七二〇）頃とすることが可能となり(8)、得度・受戒の年はそれぞれ早くとも天平六年（七三四）と同十一年（七三九）ということとなる。

等定と実忠の師弟関係を明らかにする上で、問題となる点として両者の年齢差が挙げられる。つまり、佐久間竜氏の計算では両者の間には五歳の年齢差が存在し、師であるはずの実忠の方が年少であるという現象が生じるものの「いささかの躊躇を感ずるが、否定しさることもできない」として、一応その師弟関係を承認する見解を出している(9)。しかし、その年齢差は明らかに問題とすべきことではないだろうか。

等定の師である実忠であるが、『東大寺要録』巻第七雑事章第十所収の「東大寺権別當實忠二十九个條事」（以後「実忠二十九ヶ条」と略す）によると、実忠自身は良弁の弟子であり、天平宝字年間以降の東大寺の経営において先ず良弁の目代となったことにはじまり、少鎮・寺主・上座・修理別当等の寺内の要職を歴任している。さらに、後世においては権別当であったという伝承が生じるなど、その寺内での評価は決して低くはなく軽んじることはできない存在である。(10) ただし、実忠の生年・出自等については何ら明らかではないが、生年に関しては「実忠二十九ヶ条」によってある程度の推測は可能である。ただし、「実忠二十九ヶ条」の冒頭には「東大寺傳燈大法師實忠年八十五」とあり、一方その文末には「然則法師實忠。生年既入九十員矣」という記載があることから、実忠の生年には二説が存在するのである。この「実忠二十九ヶ条」の奥付には「弘仁六年四月廿五日」とあり、弘仁六年（八一五）という年号には諸説が考えられているが、(11) これを基に計算すると、後者の場合が等定と実忠の年齢差が六歳となる。しかし、両者の六歳の年齢差は如何ともし難く、等定が受戒した二十歳の時点でも実忠は得度が普通行われる年齢にも達していないのである。さらに、前者の場合は両者の年齢差は十一歳となり、等定の得度の時点では実忠は僅か四歳でしかなく、受戒の時点であっても九歳に過ぎない。

　つまり両者の年齢差を考えるならば、等定と実忠の師弟関係を素直に認めることは不可能となる。むしろ、等定が東大寺に入寺したとするならば、天平末年の段階で既に師位僧であった、安寛あるいは平栄といった良弁の後継者的な弟子達との関係を考えた方がより自然ではないだろうか。

　さらに、天地院との関係についてみてみると、「師資次第」では良弁から等定への継承が記されている。この天地院は、東大寺の東の山中に存在していたもので、前掲の諸院章によれば、「縁起文云。是文殊化身行基井建立也」と行基の創建になることがみえ、さらにその時期としては「始造二和銅元年二月十日戊寅。山峯一伽藍一。即天地院。名二法蓮寺一」と和銅元年（七〇八）であったとされる。しかし、「師資次第」には行基の名は全くみえず、良弁より始まっているが、良弁が果たして天地院と関係があったのかどうかは不明である。そして、良弁の弟子であったことが認められる実忠への継承は行われず、孫弟子に当たる等定へと天地院は継承されている。このことは、実忠が二月堂の創建者として伝えられているためであろうが、むしろ「實忠資」として強調するように記されているのも両者を結び付けようとする作為を感じざるを得ない。ただし、「西琳寺流記」の「一當寺律法中興縁起事」には西琳寺が度々律院となった可能性を述べ、その理由として「等定僧都止當寺」としている。つまり、等定が律宗の僧であった可能性が生じるが、そうすると実忠よりもむしろ同じ東大寺僧であっても律宗の大学頭などを歴任した安寛を師としたかもしれない。

次に、先に挙げた「別当章」をはじめとする「別当次第」[12]においては、第七代の別当として記載されている。そして、等定の別当就任について佐久間氏は、遷都問題に絡む人事であり、等定を別当として東大寺に送り込むことで反対派の懐柔を行ったと考えている[13]。

「別当次第」の歴代別当のうちで、第二十五代の済棟までの別当については「別当章」に、

私云。上件廿四代虚僞尤多。但依二舊次第一注レ之。是依レ無二印藏官符一也。自下別當。依二印藏官符一。始改二其僞一耳。

とある「舊次第」に等定も含まれている。この「舊次第」については既に指摘されているが、内容については信頼に値せず、第七代の別当としては等定よりも、等定と同じく僧綱の一員であり、等定よりも早く延暦三年（七八四）の時点で律師であった玄憐の方がその時点での東大寺別当であった可能性が高い。

また、「舊次第」に記される歴代別当についてほとんどの僧に僧綱位が冠されているが、その多くは『僧綱補任』に「補任中不レ見。可レ尋」と注記されており、実在が疑問視される。さらに、良弁については少僧都と記されているが、これは天平勝宝四年（七五二）段階での別当就任と伝えられる時点でのことであり、最終的には僧正であった。ただし、良弁に関しては、実際に東大寺の初代別当であったのかという問題も存在するが、その寺内における地位は実質上の寺家別当と同等のものであったと考えてもよい。

そして、「舊次第」の中でもその別当就任が他の史料より確認できる円明・正進は、それぞれ嘉祥三年（八五〇）に律師、承和十年（八四三）に権律師に就任しているが、別当となったのはそれ以前であり、「舊次第」でも大法師・大徳という表記が採られている。等定は大僧都として記されているが、等定が大僧都となったのは延暦十六年（七九七）以降のことであり、東大寺別当となったと伝えられる延暦二年（七八三）の時点では未だ僧綱の一員ではない。したがって、別当として表記される場合に、就任時点の肩書きで「別当次第」に記載されるとするならば、等定の別当就任は認めることができない。

また、『僧綱補任』には別当としての任期は「治四年」とあるのに対して、「別当次第」では「寺務五年」となるなどその就任期間についても、史料によって錯綜している。また、その期間については第八代別当である永覚と重複している。

以上のことから、等定に関して東大寺との関係は、実忠との師弟関係、天地院に住したこと、あるいは第七代の別当であったというような従来の見解を首肯するわけにはいかなくなる。むしろ東大寺とは無関係であり、東大寺僧ではなかったのではないかという疑問が生じる。

そこで、等定の所属寺院が問題となるが、このことに関してはその記事自体に問題があるものの『七大寺年表』の延暦三年（七八四）の項にある等定の注記に「河内國人」とみえるのが参考になる。

そして、「西琳寺文永注記」には、

一寺官事
大鎮　四十八代 神護景雲二年記云。大鎮僧等定。
少鎮　五十代 延暦八年帳云ニ少鎮僧勝寵。
座主　七十代 康平五年記云。座主少僧都。
別當　五十四代 永和七年帳云。別當大法師無行。
（以下略）

という歴代寺官の記載があり、等定は神護景雲二年（七六八）には河内国の西琳寺の大鎮僧として史料にみえるのである。このことは、同書に引用されている「神護景雲二年状」を基に記されたのであろうがそれにも、

衆僧御供養加益事
右頃年之間。頻遭旱亢難。供養猶乏少。今商量加口別四合。米定一升二合如前。
神護景雲二年八月一日
大鎮僧等定
大政人藏田長　少政人武生繼長

と、大鎮僧としてみえる。この記載に関しては、かつて井上光貞氏が考察されたようにその信憑性が認められるが、そうするとこの記事には既に等定は西琳寺の大鎮であったのであり、加えて西琳寺自体は王仁後裔氏族との関係が指摘されている。[14] 等定自身が河内国の出身と伝えられていることを考えると、王仁後裔氏族との間に何らかの関係があったであろうことが想定できるのである。

また、「西琳寺文永注記」にみえる「栢原天皇奉顯毘盧舎那丈六佛」という記事に関して、編者である惣持は「私曰」として「天平年中記正載此像」と注記しているが、これが認められるとするならば、等定の華厳教学への傾倒も充分に考えられ、佐久間・西口両氏もそのように考えている。[15]

等定がたとえ西琳寺僧であったとしても、華厳教学を学ぶために南都に遊学したという可能性はある。そして、当時の華厳教学研究の中心が東大寺であったことに何ら異論はないものの、決して東大寺のみで研究されていたわけではなく、東大寺以外の僧であっても、例えば審祥・慈訓・慶俊といった華厳教学に精通した僧も存在する。それぞれ、日本華厳の祖といわれる審祥と慶俊は大安寺僧であり、慈訓は興福寺僧、といったように南都諸寺で華厳教学の研究が行われていたことが判るのである。また、東大寺以外の寺に住していたとしても、経典類の貸借は可能であり、実際『正倉院文書』には多くその例を散見することができる。

一方、等定と西琳寺との間に王仁後裔氏族としての関係が存在するならば、等定が東大寺へ入寺する必要は決してなく、むしろ同族の西文氏の一族の出身である慈訓（河内国人。俗姓船氏）や慶俊（河内国丹比郡人。俗姓葛井氏[16]）といった同族の師僧の下で、華厳教学を学んだと考えるほうが自然である。

そして、等定の出自を考えると、大安寺への二重の可能性のほうが、東大寺僧であった可能性よりも大きいのではないだろうか。

二、等定と早良親王

東大寺と等定との間に従来通りの見解が成り立たないとすると、その等定と師弟関係にあった早良親王との関係についても一旦白紙に戻すべきであろう。つまり、等定と早良親王との関係は、等定が東大寺僧であったということを前提の一つとしているのである。ここで、等定との関係をみる前に早良親王と東大寺との関係についても再考を行ってみたい。

早良親王については、周知のごとく光仁天皇の皇子であり、同母兄桓武天皇の皇太子であったにもかかわらず正史にはその記載がほとんどみられない。『続日本紀』宝亀元年（七七〇）十一月甲子（六日）条に、

甲子。詔曰。（中略）又兄弟姉妹諸王子等悉作親王弖冠位上賜治給。（以下略）

とあり、詳しい人名は不明であるがこの時に早良親王も親王宣下を受けたと考えられる。その名がみられるのは同書天応元年（七八一）四月壬辰（十四日）条であり、

壬辰。立皇弟早良親王爲皇太子。詔曰。（中略）随法尓可有伎政止志弖早良親王立而皇太子止定賜布。（以下略）

と、桓武天皇即位の翌日にその皇太子となっていることが記されている。しかし、親王宣下を受ける以前についての早良親王に関しては、正史には何も記されてはおらず、そのことが記される史料の数

自体も限られてくる。

ここで、早良親王の親王宣下以前、および出家に関する史料で主なものを挙げると、

史料①「大安寺碑文」（以後「碑文」と略す）

大安寺碑文一首并序

原夫六合之外、老荘存而不談、（中略）寺内東院皇子大禪師者、是淡海聖帝之曾孫、今上天皇之愛子也、希世特挺際神命世、爲徳固時運建、道在人改、悲正教之陵遅、痛迷塗之危幻、於是永厭生死、志求菩提、捨樂宮而出家、甘苦行而入道、（以下略）

寶龜六年四月十日作　正四位淡海眞人三船

史料②「大安寺崇道天皇御院八嶋院両處記文」（以後「記文」と略す）

大安寺崇道天皇御院八嶋院兩處記文

白壁天皇第二皇子早良親王諱崇道、初以東大寺登定大僧都爲師、寄住羂索院、生年十一出家入道、廿一登壇受戒、清潔清淨、修練修學、以神誌量（護景カ）雲二年移住大安寺東院、以寶龜元年奉親王号、以同十一年奉定皇太子、以延暦十一年、造長岡京之門、不面之外、依御從右近衛将監大伴竹良、牛鹿木積等所犯、横坐君主、於埼唐律院小室、（以下略）

史料③『東大寺要録』巻第三

表云

世不羈者文武天皇第二王子也良弁僧正弟子

崇道天皇實忠之弟子並等定大僧都資白壁天王第二子也

眞如親王安殿天王第三子弘法大師資

史料④『東大寺要録』巻第四諸院章第四所収、「羂索院」項

一、羂索院名金鐘寺。又号金光明寺。亦云禪院

堂一宇　五間一面在禮堂

天平五年歳次癸酉創建立也。良弁僧正安置不空羂索觀音菩薩像。當像後有等執金剛神。是僧正本尊也。光仁天皇々子崇道天皇。等定僧都爲師出家入道。廿一歳登壇受戒住此院。後以景雲三年移住大安寺東院矣。（以下略）

櫻會縁起云

伏惟法會本施主故僧正院下。（中略）昔者聞禪師王子住持此院。今見太子禪門居住此房。

史料⑤『東大寺要録』巻第五諸宗章第六所収、「東大寺華厳別供縁起」

東大寺華嚴別供縁起

夫玄門幽微莫若一乘。（中略）僧正臨終時。偏以花嚴一乘。付屬崇道天皇。々々敬受傳持不斷亦其力也。（以下略）

史料⑥『東大寺要録』巻第八雑事章第十之二所収、「東大寺桜会縁起」

敬白大乘。青陽終月未明初節。（中略）昔者聞禪師王子住持此院。今見太子禪門居住此房。（以下略）

史料⑦『三国仏法伝通縁起』巻中所載、「華厳宗」項

良辨僧正臨終以華嚴宗付崇道天皇。崇道受囑於大安寺建立東院弘華嚴宗。

史料⑧『一代要記』所載、「光仁天皇」項「皇子」

早良親王（第二子母同桓武神護景雲二年出家年十一住東大寺寳龜元年賜親王號天應元年四月爲皇太子年三十二延暦四年十月廢之配流淡路國於海上薨同十九年追稱崇道天皇）

以上であるが、史料①の奥付を信用するならば、それ以外は後世の著述となり、内容も例外はあるものの大同小異である。以下、それぞれについて簡単に検討を加えたい。

先ず史料①であるが、これは現在亡失して碑自体は伝わっていない。ただ、その奥付によると、宝亀六年（七七五）四月十日に淡海三船によって作られている。「碑文」では早良親王の名はみえず、文中では「皇子大禪師」と表記され、「淡海聖帝之曾孫」「今上天皇之愛子」と説明されている。これについては、山田氏によって早良親王であることが確認されているが、右の記載は全て早良親王に合致する。すなわち、宝亀六年の時点での天皇は天智天皇の孫である光仁天皇であり、早良親王は天智の曾孫に当たり、何ら問題はない。

ところで、作者である淡海三船は『続日本紀』延暦四年（七八五）七月庚戌（十七日）条にその卒伝がみえるが、「刑部卿従四位下兼因幡守淡海眞人三船卒」とある。確かに「碑文」の著作年である宝亀六年には存命していることは確かであるが、その位階が異なっている。「碑文」では「正四位」とのみありその官職は不明であるが、宝亀六年の段階では実際は正五位でしかないのである。ただ、書写の過程での誤写とすれば問題はないものの、如何とも判断し難く素直に当時の史料とみることはできないが、ここでは一応誤写の可能性を指摘するに留めておく。

そうすると、ここにみえる「皇子大禪師」は早良親王ということになり、親王宣下を受ける以前は大安寺東院の住僧であったことが判る。

次に、史料②から史料⑧であるが、これは大きく分けて内容の上で二つに分類することができる。

A②③④⑧

B⑤⑥⑦

ただし、史料⑥は少し趣を異にするが、Bの内容よりの派生であると考えられ、取り敢えず同一内容としておく。

Aの内容であるが、これに等定と早良親王との師弟関係が記されており、さらに史料③以外は後の大安寺への移住を記している。そして、Bは等定と早良親王との関係ではなく、良弁との関係を強調し、早良親王が良弁の後継者であったことが記されている。

ところで、史料⑧の『一代要記』について山田氏は「はるか後世のもの」と評されているが、これだけが出家および立太子の時点の早良親王の年齢を記している。この『一代要記』の成立年代は不明であるが、十四世紀頃までの記載を含むものの十三世紀にはその多くは成立していたと考えられる。史料②③④を参考に編纂されたとも考えられるが、あるいは別系統の史料によっていたとも考えられる。早良親王が神護景雲二年（七六八）に十一歳で出家したことは、天応元年（七八一）に三十二歳で立太子したことと矛盾するものの、早良親王が天応元年に三十二歳であったということは、天平勝宝二年（七五〇）生まれということになる。確かに天平九年（七三七）生まれの桓武天皇と比較して多少年齢が離れているともいえるが、決して否定することはできない。すなわち、諸書に共通して、早良親王は光仁天皇第二皇子とあり、他の諸皇子と比べても、薭田親王は天平勝宝三年（七五一）、他戸親王が天平宝字五年（七六一）の生まれであり、第二皇子としての年齢には矛盾しない。

一方、史料⑤⑦⑧についてはそれぞれ良弁から早良親王への華厳宗の付属が記されている。そのうち史料⑦はその奥付に、

于時應長元年辛亥七月五日於東大寺戒壇院述之
華嚴宗沙門　凝然　春秋七十二

とあり、応長元年（一三一一）に東大寺僧である凝然によって編まれたものであり、史料⑤を素材として書かれたものと考えられるが、鎌倉期における東大寺もしくは南都での一般的な理解であったと考えられる。したがって、この華厳宗の良弁より早良親王への付属について記されたものは、管見の限り史料⑤が最も早いと考えられる。しかし、このBの記載内容は、先にみた史料①の記載とは矛盾し、「碑文」による限りは「寺内東院皇子大禪師」とあり、東大寺との関係には何ら触れられてはいないのである。

その得度・受戒の年齢であるが、「碑文」には何もみえないが、それぞれの年齢は史料②⑧に十一歳での出家が、史料②④には二十一歳での受戒が記されている。早良親王が、先にみたように天平勝宝二年（七五〇）の誕生とすると、得度・受戒はそれぞれ天平宝字四年（七六〇）・宝亀元年（七七〇）となる。得度の年齢については、奈良時代の一般的な例である十五歳という年齢を下回ることになるが、例外的な存在としてその可能性を否定することはできない。しかし、受戒が行われるまでに約十年の歳月を要しており、たとえ得度後受戒まで三年以上を経る必要があったとしても、あまりに長すぎるのではないだろうか。受戒が行われたとされる宝亀元年（七七〇）は早良親王が親王宣下を受けた年ということになる。

さらに史料の記載をみると、得度→受戒→大安寺東院移住→親王宣下という順序であったように解釈できるが、大安寺東院移住が史料にみえるように神護景雲年間に行われたとすると、移住後に受戒が行われたこととなる。これは、早良親王と東大寺あるいは等定との関係を無理に結び付けようとした結果生じた矛盾ではないかと考えられる。すなわち、先にみたように神護景雲二年（七六八）の時点では等定は西琳寺僧としてみえ、早良親王と東大寺との関係を主張するためにはこれ以前である必要があったのではないだろうか。そして、「実忠二十九ヶ条」では宝亀二年（七七一）、その他の史料にも宝亀四年（七七三）には「禪師」という称号が付せられているが[17]、親王宣下と同時に早良親王は還俗していたとも考えられ、尊称として使用されていたと考えられる。

ところで、早良親王のもう一人の師である実忠との関係であるが、両者の交流は史料により確認できる。しかし、そのことが記されている「実忠二十九ヶ条」をみる限りは両者の間に師弟関係があったとは考えられない。「実忠二十九ヶ条」には早良親王とは記されず、親王禅師という表記がとられているが、親王禅師は実忠に対して第四条では「尓時親王禪師。弁僧正和尚。相語計宣」と、僧正すなわち良弁とともに実忠に対して「宣」する立場であった。加えて、第一三条では「被二親王禪師教一倂」と記されている。

ただし、山田英雄氏[18]は「実忠二十九ヶ条」の第二〇条をも挙げているが、この条の解釈にはかなり無理が存在し、山田氏の史料の誤読がみられる。第二〇条には、

一、奉二仕朝庭一事。

合十九年　自二天平勝寶五年一至二神護景雲四年一。

右平城宮御宇天皇。朝庭宮禪師例奉仕如レ件。

とある。ここにみえる「平城宮御宇天皇」を『日本三代実録』元慶八年（八八四）十二月二十四日条によって光仁天皇に比定し、「朝庭宮禪師」を皇子の禅師と解して早良親王という。このことについては、舟ヶ崎正孝氏[19]・山岸常人氏[20]の批判があるが、私見においても山田氏の見解には従いかねるのである[21]。そして、山田氏はこの記事より、早良親王・光仁天皇と実忠の関係について、即位前の天平勝宝五年（七五三）にまで遡って考えているが、宝亀年間以前の両者の交流に関しては史料に認めることができず、まして光仁天皇との関係は一切確認することはできない。

しかし、この「実忠二十九ヶ条」の記載をみる限り、早良親王は実忠に対して「宣」したり、「教垂」する立場にあることが判る。そして、このことをみる限り師弟の立場が逆転しているとしか思われない。これは、たとえ親王と一東大寺僧という立場を考慮に入れても、単純に両者の年齢差は十八歳あるいは二十三歳であり、普通の師弟関係では理解し難いことである。ただし、早良親王と実忠の間には本来師弟関係が存在していなかったと解するならば、何ら問題はなくなる。

したがって、早良親王と実忠の師弟関係、さらに等定と実忠との師弟関係は、等定と早良親王の師弟関係を前提に生じたことであろう。すなわち、本来伝承されていた等定と早良親王の師弟関係に対して、「実忠二十九ヶ条」に早良親王の名がみえることから実忠と早良親王の師弟関係が生じ、それと同じように両者の共通の師として実忠の存在が主張されたのではないだろうか。すなわち、実忠については「実忠二十九ヶ条」の第二一条に「奉レ仕華厳供大学頭政一事」とあることも一つの要因として、華厳の学匠であった等定と実忠の関係が生じたのではないかと考えられる。

そうすると、「記文」等に記されている大安寺東院への移住という問題が残る。すなわち東大寺での出家・受戒を記す史料であっても、大安寺東院への移住を記しており、早良親王が大安寺東院に住していたことは、かなり可能性の高いことといえる。そうすると、等定に関しても東大寺ではなく大安寺への遊学の可能性が大きいことから、等定と早良親王は大安寺を通じて共通点を見出すことができるのではないだろうか。そして、その師弟関係を明確にすることはできないが、伝承として両者の師弟関係が伝えられていた可能性はある。その後、早良親王が先にみたように御霊として畏怖され、御霊信仰が盛んとなるに伴って早良親王が寺家の僧であったとする東大寺の主張が行われるようになったという推測ができる。むしろ、歴代別当に加えられていた等定との師弟関係によって、早良親王をも寺家の僧とするようになったのではないだろうか。

三、等定と桓武天皇

等定と桓武天皇との関係については、先に挙げた『三国仏法伝通縁起』に「師範」として記されているが、その前後の関係文を以下に引用すると、

實忠上足有二等定大僧都一。是桓武天皇御師範也。桓武天皇東宮已前於二龜瀨山峯一師子現二無畏之身一。
大聖示二老翁之姿一。師子復二本形一願二童子之形一。必是五髻文殊童子。等定拜レ之奉レ進二臨幸於寺一。
乃河内國西林寺也。彼寺是天智天皇之御願。等定即是寺住僧。東大寺爲二本寺一。習二學華嚴一。講敷
不レ倦。桓武天皇踐祚之後修二造西林寺一興二隆東大寺一。顯二揚華嚴一紹二續圓宗一。即以二等定大僧都一

補二東大寺別當一。等定大興二宗教一建二眞俗一。延暦十九年等定定奄逝。春秋八十有餘。

とある。この記載は、多分に説話的な要素を含むものであるが、実はここにも等定の経歴が記されており、東大寺を本寺とするとともに、河内国西林寺（西琳寺）に住していたことが記されている。中世の東大寺にあっても等定が西琳寺僧であったということは周知の事実であったようである。ただし、ここでも東大寺との関係が記されているが、等定が東大寺僧ではなかったとするならば西琳寺に等定がいつ頃から、何故住するようになったのかは全く記されていない。すなわち、本来東大寺僧ではなかったとするならば西琳寺移住の時期が記されていなくても何ら不思議はなく、むしろ作為的に東大寺僧であったことが捏造されていた可能性のほうが大きいであろう。

　では、何故等定が東大寺僧であった、あるいは東大寺別当になったという伝承が生じたのであろうか。これはここに記されている桓武天皇との関係が大きく関与しているのではないだろうか。桓武天皇との関係についてその親密さを示す記載が前にも挙げた『日本後紀』延暦十八年（七九九）十二月庚寅（二十一日）条に記されており、

　庚寅。大僧都伝灯大法師位等定言。側力劣則止。著在二丘典一。心□不レ極。光二于彝倫一。等定落二髪玄門一。棲二形檀林一。羞二戒婆離一。恥二智鶖子一。豈須下辱帯二綱任一。久乱中維務上哉。恥方二濫吹一。恐同二践火一。是以懸車之歳。數陳二口辞一。不レ被二詔許一。既経二數年一。當今年垂二八十一。進行不レ正。進退失レ儀。強以抱レ任。慙レ天愧レ地。庸身無レ厝。伏願去二大僧都一。以開二賢路一。逃息二耄情一。兼望當糧。上崇二養老之徳一。下免二尸位之刺一。不レ任二瀝款之至一。上表以聞。

と、僧綱を辞さんことを願い出た等定に対して、桓武天皇自ら詔によって答えており、

詔報曰。忽省二来表一。知レ辞二綱任一。委寄未レ幾。告レ老何早。歎二慕其德一。感悽无レ已。但退譲再三。謙光難レ逆。故許レ所レ請。以遂二來意一。其梵釋寺事者。休息之閑。時加二撿挍一。時寒。想和適也。指不二多云一。

と、その大僧都辞任を認めた上で梵釈寺のことに関しては、休息の閑に検校を加えんことを命じている。等定が僧綱の一員となったのは延暦九年（七九〇）のことであり、[22]先にみたように「懸車之歳」すなわち七十歳という高齢での僧綱入りであった。その七年後の延暦十六年（七九七）には大僧都に任じられており、[23]大僧都就任後僅か二年後の辞任ということになる。実際に等定が綱務にいか程関与できたかは不明であり、年齢からすると名誉職としての就任であった可能性も捨てきれないのである。

等定が桓武天皇に検校を命じられた梵釈寺の創建は『続日本紀』延暦五年（七八六）正月壬子（二十一日）条に、

壬子。於二近江國滋賀郡一。始造二梵釋寺一矣。

とあり、この年より造営がはじまっている。その後、同書延暦七年（七八八）六月乙酉（九日）条では「下総越前二國封各五十戸」が施入され、さらに『類聚三代格』巻第十五「寺田事」に収録されている延暦十四年（七九五）九月十五日勅には、

勅。眞教有レ屬。隆二其業一者王。法相無邊。闡二其要一者佛子。朕位膺二四大一。情存二億兆一。導レ德齊レ禮。雖レ遵二有國之規一。妙果勝因思レ弘二無上之道一。是以披二山水之名區一草二創禪地一。盡二土木之妙製一庄二餝伽藍一。名曰二梵釋寺一。仍置二清行禪師十人一。三綱者在二其中一。施二近江國水田一百町一。延暦十年。所施也 充二下総國食封五十戸越前國五十戸一。延暦十年。所レ施也 以前充二修理供養之費一。所レ冀運經二馳驟一。

永流二正法一。時變二陵谷一。恒崇二仁祠一。以二茲良因一普爲二一切一。上奉三七廟臨二寶界一而增レ尊。下覃二万邦一登二壽域一而洽レ慶。皇基永固卜レ年無レ窮。本枝克隆中外載逸。免該二幽顯一傍及二懐生一。望二慈雲一而出二迷途一。仰二慧日一而趣二覺路一。

延暦十四年九月十五日

と、その創建理由が記され、近江国の水田百町の施入、清行の禅師十人を置くことなどがみえる。すなわち、梵釈寺は桓武天皇が仏法興隆のために創建したものであり、その寺の検校を任されたということからも等定と桓武天皇の間には浅からぬものが存在したことがうかがえ、その信頼の程が知られる。

また、西琳寺であるが先に挙げた「西琳寺文永注記」の「栢原天皇奉顯毘盧舎那丈六佛」という記載についての惣持の見解の詳細は、

私曰。奉顯毗盧舎那者崇重之意歟。天平年中記正載此像延暦年中記云朽損云。若栢原御造立者。延暦以後不經年序。何有朽損哉。定知不桓武造立也。

と注記している。桓武天皇による造立という点については否定しているが、この毘盧舎那仏像に関しては桓武天皇との関係を示唆している。さらに「西琳寺流記」の「一當寺諸堂建立事」には、

一講堂　桓武天皇光仁太子延暦年中建立也。但再興歟。（以下略）

とあり、この講堂の本尊は「盧遮那仏」であり、講堂自体についても桓武天皇の造立もしくは再興の記載がある。すなわち、等定が本来所属していたと考えられる西琳寺と桓武天皇との間に何らかの関係があったということの想定が可能となるが、これは先にみた西琳寺が王仁の末裔を称する渡来系の

氏族である西文氏の氏寺であったということが大いに関係していると考えられる。これは、『三国仏法伝通縁起』に記された説話も併せ考えると、等定と桓武天皇との間には西琳寺を通しての交流というものが考えられるであろう。

　桓武朝における渡来系氏族の優遇は周知の事実であるが、これは桓武天皇の母である高野新笠の出自が大いに関与しているといわれている。高野新笠の出自は和氏であり、和氏は「出㆑自㆓百濟武寧王之子純陁太子㆒」[24]と伝えられる渡来系の氏族であった。また、林陸朗氏が明らかにしたように、桓武朝の後宮については渡来系である百済王氏の出身者が三人も含まれている[25]。

　そのために渡来系の氏族の優遇措置が採られており、西文氏も決して例外ではなかった。そして、等定が西文氏と何らかの関係を有するとするならば、当然桓武天皇との関係も親密になるであろうことは想像に難くなく、その結果として等定の僧綱入りを含めて、「師範」と称する伝承が生じるほどの関係が伝承されるに至ったのであろう。

　さらに平安時代以降、東大寺は聖武天皇の発願により鎮護国家のために創建された寺院であるのに対して、光仁天皇の即位により聖武天皇をはじめとする天武系の皇統から天智系への皇統の交替が生じている。そして、延暦八年（七八九）に造東大寺司の廃止[26]が行われ、弘仁三年（八一二）には「官家功徳封物。停㆑収㆓東大寺㆒。収㆓造東西二寺諸司㆒。出納充用之色。一依㆓前例㆒」[27]という東大寺の封戸のうち官家功徳分二千戸[28]が停止されて官戸に収納されるという措置がとられるなどの、政府の東大寺に対する政策の後退がみられる。そのような情勢の中で、平安時代における寺家の立場をより有利にするために、桓武天皇との密接な関係を有する等定を、その華厳宗の法脈により歴代別当に加えて権威付けが行われたのであろう。このことは「別当次第」に第十代の別当として湛久君なる人物が記され、「良恵資　延暦十四年乙亥任。延暦皇子」という注記がみられるが、どのような人物か他の史料にはみえず、その詳細は不明である。これなども延暦皇子すなわち桓武天皇皇子が別当であったという一種の権威付けであろうと考えることは用意である。

おわりに

以上、等定に関して実際に別当であったのかどうかをはじめ、根本的な問題として、果たして等定が東大寺僧であったのか、早良親王との師弟関係などについて考察を加えてみた。その結果、東大寺と等定との間には積極的にその関係を証明する史料は存在せず、『東大寺要録』などの史料をみる限りはその関係は捏造されたものである可能性のほうが遥かに大きいといえる。

そして、早良親王との師弟関係も等定が東大寺僧ではなかったとすると、当然東大寺における両者の接触は考えられない。ただし、その可能性としては、等定・早良親王ともに、前者はその出自から、後者は「碑文」をはじめとするその略伝が記された史料により大安寺における接触の可能性が推測できる。すなわち、等定の場合は本来は西文氏の氏寺である西琳寺に所属し、その関係から大安寺に遊学した可能性が生じる。そして、早良親王の場合は大安寺において得度を受け、大安寺を所属寺院とする僧であったが、親王宣下後に東大寺の運営に参加するなど全く東大寺とは無関係ではなかったことから、御霊信仰の展開とともに東大寺僧とされた可能性がある。その過程で、早良親王の師であったという伝承の残る等定も東大寺僧として記録されたのかもしれない。

付け加えるならば、「舊次第」にその名がみえる者は、その実在が確認できない者もいるが、このうち初期の別当が華厳宗であることから、華厳宗の僧がその法脈を基に書いたのではないかという永村真氏の見解[29]を認めてよいと思う。さらに、「舊次第」に空海・真済らの初期の真言宗の重要人物が含まれている。これは平安時代以降の仏教界における密教の占める割合が大きく、その名によって東大寺および東大寺別当の権威付けが行われたものと考えられ、同様に桓武天皇との関係によって等定の名が含まれたと考えられるのではないだろうか。

すなわち、光仁天皇即位による皇統の天武系から天智系への移行に伴い、天武系の聖武天皇によって創建された東大寺は、平安時代初期における天台・真言両宗の隆盛、藤原氏の繁栄を背景とした興福寺の勢力に対抗する意味を持って、桓武天皇の師範とされる等定が別当として歴代に含まれることで自らの権威を高めようとする東大寺側の思惑があったことも否定することはできないであろう。

註

(1) 岸俊男「良弁伝の一齣」(『日本古代文物の研究』、塙書房、一九八八年、初出は『南都佛教』第三三・三四号〈一九八〇年〉に掲載)。

(2) 佐久間竜「等定」(『日本古代僧伝の研究』、吉川弘文館、一九八三年、初出は「東大寺僧等定について」として『日本歴史』第二八五号〈一九七二年〉に掲載)。

(3) 西口順子「梵釈寺と等定」(『史窗』第三六号、一九七九年)。

(4) 山田英雄「早良親王と東大寺」(『南都佛教』第一二号、一九六二年)。

（5）加藤優「良弁と東大寺別当制」（奈良国立文化財研究所創立三〇周年記念論文集『文化財論叢』、同朋舎、一九八三年）。
（6）特に管見に触れたものとしては、①堀池春峰「弘法大師と南都仏教」（『南都仏教史の研究』〈下　諸寺篇〉、法藏館、一九八二年）、②牛山佳幸「諸寺別当制の展開と解由制度」（『古代中世寺院組織の研究』、吉川弘文館、一九九〇年）、③永村真『中世東大寺の組織と経営』（塙書房、一九八九年）が挙げられる。
（7）吉田靖雄「奈良時代の得度と受戒の年齢について」（続日本紀研究会編『続日本紀の時代』、塙書房、一九九四年）。
（8）佐久間氏の前掲註（2）論文においては等定を養老五年（七二一）の誕生とし、これは坂本太郎・平野邦雄監修『古代氏族人名辞典』（吉川弘文館、一九九〇年）にも採用されている。これは等定の上表文中の「懸車之歳」ということよりも「當今年垂二八十一」を重視された結果であるが、本章においては前者の表現を重視したい。
（9）佐久間前掲註（2）論文。
（10）実忠に関しては本書第一章参照。
（11）「実忠二十九ヶ条」の成立については奥付通りに弘仁六年（八一五）に成立したもの、あるいは実忠の手によって数度にわたって書き加えられていったもの、弘仁六年に実忠により書かれた部分を中心にして実忠顕彰のため関係史料が収録整備され成立したなどの指摘がある。
（12）『東大寺要録』の「別当章」以外にも、「東大寺別当次第」と称される史料があり、単に「別当次第」と称する場合は、それら歴代別当を記す史料を一括して示す場合にこの呼称で表記することとする。
（13）佐久間前掲註（2）論文。
（14）井上光貞「王仁の後裔氏族と其の仏教――上代仏教と帰化人の関係に就ての一考察――」（『日本古代思想史の研究』、岩波書店、一九八二年）。
（15）佐久間前掲註（2）論文。
（16）『扶桑略記』抄二の神護景雲四年（七七〇）八月二十六日乙卯条に「以慈訓法師複任少僧都。慈訓河内国人也。（中略）慶俊。河内人也。俗姓藤井。（以下略）」と記され、特に慶俊については『日本高僧伝要文抄』第三所収の『延暦僧録』第五の「智名僧沙門釋慶俊傳」に「河内人也。俗姓藤井」とみえる。なお、慈訓・慶俊ともに佐久間前掲註（2）著書に論稿が収められている。

(17) 『大日本古文書』四巻一九九頁、六巻四六六頁、なお「奉寫一切經料墨紙筆用帳案」の宝亀二年（七七一）九月の項目に「廿五日下黄紙六張表紙充内親禪師御院付刑部廣濱」とみえる（一八巻四五七頁）が、ここにみえる「(内) 親禪師」を親王禅師の誤写とするならば、宝亀二年より親王禅師と称されていたこととなる。

(18) 山田前掲註（4）論文。

(19) 舟ヶ崎正孝『国家仏教変容過程の研究』（雄山閣、一九八五年）。

(20) 山岸常人「東大寺二月堂の創建と紫微中台十一面悔過所」（『南都佛教』第四五号、一九八〇年、のち「二月堂の成立」として『中世寺院社会と仏堂』〈塙書房、一九九〇年〉所収）。

(21) 詳細については本書第一章に記したが、簡単に述べると、「平城宮御宇天皇」はここに記された期間、天平勝宝五年（七五三）から神護景雲四年（七七〇）の間に即位していた天皇のことであり、それに合致するのは太上天皇としての期間が存在するものの孝謙天皇（重祚後は称徳天皇）しか存在せず、「朝廷宮」の禅師ということからも光仁天皇との関係は見出し難い。

(22) 『続日本紀』延暦九年（七九〇）九月辛未（八日）条。

(23) 『続日本紀』延暦十六年（七九七）正月辛丑（十四日）条。

(24) 『続日本紀』延暦八年（七八九）付載明年正月壬子（十五日）条。

(25) 林陸朗『桓武朝論』（古代史選書7、雄山閣、一九九四年）。

(26) 『続日本紀』延暦八年（七八九）三月戊午（十六日）条。

(27) 『日本後紀』弘仁三年（八一二）十月癸丑（二十八日）条。

(28) 東大寺の封戸については『続日本紀』天平勝宝二年（七五〇）二月壬午（九日）条、および天平宝字四年（七六〇）七月庚戌（二十三日）条にみえる。

(29) 永村前掲註（6）著書。

第四章　永忠と梵釈寺

はじめに

永忠に関しては、卒去記事が『日本紀略』弘仁七年四月庚子（五日）条に、

是日。大僧都永忠卒。年七十四。

とある。これは、既に指摘されているように『日本後紀』の逸文である。[1] そのほとんどが散逸してしまっている『日本後紀』の中で、何らかの基準によって選ばれて卒去記事が収録されているということであり、永忠の存在が決して無視できるものではなかったことを示しているといえよう。しかし、あくまでも逸文であるために、本来は卒去記事に続いて記載されているであろう伝記いわゆる卒伝の存在の有無については明確にできない。ただし、永忠の伝記については後世の成立であるが『元亨釈書』に記されており、この伝記からの類推によって、『日本後紀』の永忠卒伝には「寶龜初入唐。延暦末年歸朝」という一文があった可能性が小山田和夫氏によって指摘されている。[2]

ところで、永忠の経歴については『日本後紀』およびその逸文を収録している『日本紀略』『類聚国史』をはじめとする諸史料を基に、佐伯有清氏[3]や前述の小和田氏による考察が行われており、その

概略が明らかとなっている。そして、永忠の生涯を考える上で参考となるものを挙げると、その伝記が収録されている史料には『元亨釈書』巻第十六「力遊」の「梵釈寺永忠」伝と『本朝高僧伝』巻第六十七の「江州梵釈寺永忠伝」がある。しかし、両書は何れも後世の成立であり、果たして信頼に値するものかどうか甚だ心許なく、また編纂材料も不明であるが『元亨釈書』の永忠伝は記載事項は少ないものの本来の卒伝に近いものである可能性は存在する。ただし、『本朝高僧伝』については、独自な記載として文末に「著五仏頂法訣一巻」と永忠の著作を挙げているが、『日本紀略』『元亨釈書』、空海代筆の「永忠和尚辞少僧都表」などに基づいて記述されていると指摘されている(4)。

『元亨釈書』の永忠伝には以下のように記されている。

釋永忠。京兆人。姓秋篠氏。寶龜初。入唐留學。延暦之季隨レ使歸。渉二經論一。解二音律一。善攝二威儀一。齋戒無レ缺。桓武帝勅主二梵釋寺一。弘仁七年四月滅。歳七十四。遺表上二唐所レ得律呂旋宮圖。日月圖。各二卷。律管各十二枚。塤一枚一。

この中で、永忠の経歴としては卒去の時点においては大僧都であったにもかかわらず、僧綱における経歴等については何ら記載はなく、入唐留学僧であったこと、帰国後は桓武天皇の勅によって梵釈寺の「寺主」となったということ(5)、そして死に際して唐から持ち帰ったものをその遺表によって献上したという、以上の三点が記されるのみである。このうち、入唐留学については比較的史料が豊富に伝わっているということから詳しく論じられているが(6)、他の二点についてはその記載があるということが指摘される程度である。それ程詳しく触れられてはいないのであるが、それはともにこの記載を確認することが困難であるということが挙げられる。つまり、正史の散逸およびその逸文すら伝わらないという事情が考えられるが、特に梵釈寺に関して、その記載が事実であるとするならば、梵釈寺が桓武天皇の創建になる寺院であり、その桓武天皇の勅によって梵釈寺の「寺主」となっているということは、永忠の存在の重要性を示しているということが指摘できる。したがって、本章においては永忠と梵釈寺の関係について、その事実関係および理由について考察を加えることとする。

一、入唐留学僧永忠

永忠が入唐留学僧であったという事実、および帰国後は僧綱の一員であったということは決して無視することではなく、梵釈寺との関係を考察する前にそれらについて簡単にみておきたい。

先ず、留学僧としての永忠についての記載であるが、最澄の『顕戒論』巻中の「開示前入唐留學僧不言上座明拠十七」に、「前入唐留學僧。各有所宗。先度少統。行賀法師。法相爲宗。後度大統。永忠法師。三論爲宗」とあり、[7]最澄は「前入唐留學僧」として行賀と永忠の二人を挙げ、それぞれ法相と三論を「宗」としていることを記しており、永忠が三論宗の学匠であったということが明らかとなる。また、延暦二十五年（八〇六）正月五日付「僧綱上表文」に「大唐留學僧大法師位永忠」とあり、[8]大同元年（八〇六）十月二十二日付「僧空海請来目録」にも空海の在唐中の居所として「西明寺永忠和尚故院」と記されている。[9]そして、『日本文徳天皇実録』斉衡三年（八五六）九月癸卯（三日）条に収録されている実敏伝には「更従入唐大僧都永忠。學經論所」とあり、永忠に師事したことが記されているが、「入唐大僧都」と特にその入唐の経歴が強調されている。

さらに、永忠の在唐中のこととして、延暦十五年（七九六）には渤海を通じて朝廷への書を送っている[10]。このことは『類聚国史』巻第百九十三「殊俗部　渤海上」にみえ、何れも『日本後紀』の逸文であることが推測できるが[11]、時期的にみて永忠の名の史料上の初見となる。その経過であるが、四月戊子（二十七日）条には渤海からの遣使が来朝したということとともに、「又伝奉在唐學問僧永忠等所附書」とある。そして、これに対して朝廷は五月丁未（十七日）条で「又附定琳。賜太政官書於在唐僧永忠等」と、帰国する渤海の遣使に「太政官書」と「沙金三百両」[12]が永忠らに託されている。さらに延暦十七年（七九八）五月戊戌（十九日）条では、同年四月甲戌（二十四日）に任命された遣渤海使らが辞見した記事があるが、そこでも「又賜在唐留學僧永忠等書曰」とあり、再び永忠らに対して書が送られている。このように、その「書」の詳しい内容は不明であるが、在唐中にもかかわらず朝廷に対して書を奉るという行為が史料に残されており、永忠の入唐留学を印象付ける要因の一つであったと考えられる。

ところで、永忠が在唐していた時期については、表記の方法は諸書により若干の相違があるものの、「宝亀之初」から「延暦之季（末）」と記されるのみで正確な年次は記されていない。また、『僧綱補任』では延暦三年（七八四）条に永忠の律師補任が記されており[13]、以後欠けることなく僧綱に在任している。しかし、『類聚国史』にみえるように延暦十五年（七九六）から延暦十七年（七九八）にかけて、永忠が在唐中であったことには間違いなく、小山田和夫氏により指摘されているように帰朝は「延暦末年」であったといえる[14]。さらに、永忠が留学僧として正式に入唐を果たしていたとするならば、当然のことではあるが、遣唐使の一行に随行して入唐し、そして帰朝したと考えられる。

宝亀年間および延暦年間における遣唐使の派遣は、前者は二度、後者は一度の遣使の派遣が行われている。その中で、先に延暦年間の遣使をみてみると、延暦二十三年（八〇四）三月癸卯（二十八日）に節刀を授けられて出発した藤原葛野麻呂を大使とする遣唐使であり、この時には最澄や空海、橘逸勢らが随行している。[15] そして、この遣唐使は翌延暦二十四年（八〇五）に帰国しており、[16] この時に永忠もともに帰国しているものと考えられ、「延暦末年」の帰国に合致する。しかし、宝亀年間の遣唐使は宝亀八年[17]（七七七）および宝亀十年[18]（七七九）の出発となる二度であり、それぞれ宝亀九年[19]（七七八）・天応元年[20]（七八一）に帰国している。両者とも史料にある「宝亀之初」に該当する遣使ではなく、また随行したであろう留学生・留学僧の名前は不明であるが、この時のいずれかの遣唐使に随行して渡唐したものと推測できる。[21] そうすると、「宝亀之初」の入唐とするよりも「宝亀之末」の入唐とするほうがより正確ではあるが、宝亀年間における入唐という点では誤りはなく、ほぼ正確に永忠の在唐の期間を示しているといえる。

二、唐より帰国

次に、帰国後の僧綱としての永忠をみてみると、『日本後紀』大同元年（八〇六）正月庚午（五日）条には、永忠をはじめ最澄・葛原親王に対して度者を賜ったことがみえる。その後、同年四月丙辰（二十三日）には僧綱の任命が行われており、それに際して律師に補任されている。[22] しかし、先にも触れたが『僧綱補任』においては永忠は既に延暦三年（七八四）条において律師補任が記されており、延暦十六年（七九七）には少僧都、大同元年（八〇六）には大僧都への補任が記載されている。これは、既に指摘されているように、この間の『僧綱補任』の記載には混乱が存在し[23]、延暦三年（七八四）における注記には「或本云」として「大同元年四月任律師」とあり、大同元年（八〇六）では「一説云」として「四月丙辰日任律師」とある。そして、延暦年間においては永忠は未だ在唐中であり、当然僧綱への補任は考えられず、『日本後紀』の記事に従うべきである[24]。また、律師補任の二箇月後の六月には、永忠によって公私の斎会の飲食などについての奏言が行われている[25]。

さらに、弘仁元年（八一〇）九月には少僧都へと補任されているが[26]、弘仁四年（八一三）正月には老齢の故に僧綱を辞任せんことを申し出たのに対して、「優詔」が出されて慰留されている[27]。この僧綱辞任に関する事情については、空海の『続遍照発揮性霊集補欠抄』巻第九[28]に、「永忠和尚辞少僧都表」と「永忠僧都辞少僧都表勅答」が収録されている。これらは、ともに空海によって書かれたものと考えられ、前者が永忠の少僧都を辞任する意向を記した上表文であり、後者がそれに対しての嵯峨天皇の勅答すなわち史料にみえるところの「優詔」に相当するものである。これらは、どちらも空海が代筆するという一見矛盾するようなことであるが、空海と嵯峨天皇との親交を考えるならば決して有り得ないことではない。また、永忠と空海との関係であるが、先にも挙げたが空海が在唐中には「西明寺永忠和尚故院」に留住したという縁によるものと推測できる。ただし、唐において永忠と空海が面識を持ったかどうかについては、「故院」とあることから永忠は既に帰国の途についており、西明寺における両者の接触を否定する見解も存在するが[29]、西明寺においてではなくとも長安においての接触は充分に可能であり、両者の親交はそこまで遡り得るものであると考える。

僧綱を辞さんとした永忠であるが、その後弘仁六年（八一五）四月には嵯峨天皇の近江国韓崎行幸に際して、護命とともに天皇一行を崇福寺門前に迎え、梵釈寺において自ら茶を煎じて奉っている[30]。この時点では、永忠は大僧都としてみえるがその補任時期は不明であり、『僧綱補任』では弘仁六年（八一五）条の大僧都永忠に付けられた注記には「正月廿六日戊戌任大僧都」とみえる。ただし、先述したように『僧綱補任』においては永忠に関する記載は混乱を生じており、その全てを信頼するわけにはいかないが、任命の日付が記されているということは正史等を基に記載された可能性もあり、『日本後紀』の記事による限り遅くとも四月二十一日以前に補任されていたと指摘できるに留まる。そして、翌年に卒去するまで大僧都の地位にあったが、卒去に際しては、嵯峨天皇御製の「和菅清公傷忠法師。一首」が『文華秀麗集』哀傷に収録されている。これは、永忠の卒去を悼んで菅原清公が作った詩に嵯峨天皇が和したものであるが、この菅原清公は永忠が帰国した際の遣唐使の判官であり、あるいは永忠は菅原清公の第二船に乗船して帰国した可能性が指摘できる。

三、梵釈寺創建と桓武天皇

以上においては、永忠と梵釈寺との関係は何ら明確に記されてはおらず、唯一の例としては弘仁六年（八一五）に永忠が梵釈寺で嵯峨天皇に茶を煎じて奉ったということが挙げられるが、『日本後紀』の記事のみでは梵釈寺の「寺主」であったということを確認することはできない。

ところで、『元亨釈書』によれば「桓武帝勅主梵釋寺」とあり、唐より帰国後に桓武天皇の勅によって任命されたことになっている。この場合、帰国の正確な月日は不明であるが大使の藤原葛野麻呂が延暦二十四年（八〇五）七月戊申朔に節刀を返上している[31]ことを考えるならば、それ以前には入京していたこととなり、桓武が翌年三月辛巳（十七日）に崩御している[32]ため、その間のことであると考えられる。

問題の梵釈寺であるが、『続日本紀』延暦五年（七八六）正月壬子（二十一日）条に「於㆓近江國滋賀郡㆒始造㆓梵釋寺㆒矣」とあり、この時点で造営が開始されている。その後、延暦七年（七八八）六月乙酉（九日）条では梵釈寺に対して下総国と越前国の封戸が各五十戸施入されている。さらに『類聚三代格』巻第十五「寺田事」収録の延暦十四年（七九五）九月十五日勅では、先の計一百戸の封戸に加えて近江国の水田一百町が施入され、同時に清行の禅師十人が置かれており、この時点で造営がある程度成ったものと考えられる。

梵釈寺の建立については、「皇祖の御霊を慰める勅願を発して六宗兼学の純然たる禅院を営むこと」であったと指摘されている[33]。そして、梵釈寺における住僧については九月十五日勅に「置㆓清行禪師十人㆒。三綱者在㆓其中㆒」とあり、清行の禅師十人が選ばれ、その中から三綱が選ばれていたようである。しかし、その十人の禅師については詳らかではなく人物を特定することはできない。さらに、永忠が帰国した時点で欠員が生じたために、その補充として選ばれたという可能性を否定することはできないが、そうすると選ばれるに際して特に抜擢されて「寺主」となったということになる。永忠が、留学僧であったという経歴を考慮するならば不可能なこととはいえないが、寺主と書かれているのではなく、梵釈寺の「主」と表現が行われているのは、三綱を含む十人とは別に、むしろその上に位置する立場で梵釈寺の寺務に関与することを命じられたのではないかと考えられる。

梵釈寺の住持としては、村尾次郎氏は初代を等定、第二代常騰、第三代善謝、第四代として永忠を挙げている。[34]しかし、この中で初代の等定と第三代の善謝については佐久間竜氏によって以下のような指摘が行われている。[35]つまり、梵釈寺の初代の住持については『本朝高僧伝』巻第六十七「江州梵釈寺沙門施暁伝」に「延暦五年春。桓武皇帝創梵釋寺於江州。勅暁住持」とあることから、等定よりも施暁が初代であったであろうということ。また、善謝については『日本後紀』延暦二十三年（八〇四）五月辛卯（十八日）条の卒伝に「終於梵福山中」とあることから、村尾氏がこの梵福寺を梵釈寺と崇福寺のことと解しているのに対して、『大和志』添上郡の条にみえる梵福寺であるとして、村尾説を訂正して初代を施暁、第二代を常騰、第三代に永忠を数えている。そして、等定については寺内での地位は不明としながらも、梵釈寺の充実発展に大きく寄与したということは認めている。

等定によって梵釈寺の経蔵が整備されたということが既に指摘されているが、[36]実際に等定と梵釈寺の関係は『日本後紀』延暦十八年（七九九）十二月庚寅（二十一日）条において明らかなように、僧綱を辞さんことを願い出た等定に対して、桓武天皇はその申し出を承認した上で、梵釈寺に検校を加えんことを命じている。梵釈寺が桓武天皇の創建になる寺院であることを考えるならば、この記事は桓武天皇と等定との浅からぬ関係を示唆しており、同時に等定が梵釈寺を検校する立場となったことをも示している。これを基に、先の佐久間氏の見解が導かれているが、この場合の「検校」という立場は、三綱を含む十人の禅師の上に位置して、梵釈寺の運営等を監督するということを意味しているものと考えられ、いわゆる別当もしくはそれに近い立場であるといえる。

このように、梵釈寺に別当が設置されたということについては、『日本紀略』延暦二十二年（八〇三）十月丙午（二十九日）条に、

丙午。制。崇福寺者。先帝之所レ建也。宜レ令下二梵釋寺別當常騰一。兼加中撿校上。

とあり、ここで常騰は梵釈寺の別当と記されている。これは梵釈寺の別当の初見となるものであるが、別当は三綱の上に位置するものであり[37]、当初の勅にあるように十人の禅師以外の者が任じられていた可能性を指摘できる。そして、その僧の卒去ということも当然考えられるが、僧綱の不偏不党という立場を考慮するならば[38]、当然僧綱員ではないものがその任にあったと考えられ、逆に僧綱に任命された時点を契機として交替が行われていたのではないだろうか。さらに、永忠の場合も十人の禅師ではないにもかかわらず、梵釈寺の「寺主」に任じられたというのは別当に任じられたと考えることができる。したがって、第二代として等定を含め、初代施暁、第二代等定、第三代常騰、そして第四代として永忠が別当に任じられていたものと推測できる。

四、梵釈寺別当

次に、梵釈寺の別当であったと考えられる施暁・等定・常騰・永忠の四名について、その任命の理由および交替が行われたであろう時期などについて考察を行いたい。特に梵釈寺が桓武天皇の創建になるという背景を考慮するならば、桓武天皇との関係が重要となると考えられるので、それを中心にみていきたい。

初代の施暁については、梵釈寺の創建と時を同じくして桓武天皇の勅による任命であったということは、『本朝高僧伝』の記事にみえるが、施暁の卒伝のみならず卒去記事すら正史では確認できない。しかし、『本朝高僧伝』の伝記の内容としては梵釈寺に関する記述に重点が置かれ、それ以前の経歴については「學渉内外」とあるのみで全く記されてはいない。施暁の場合は、他の史料における初見は延暦十一年（七九二）であり、この時点では「伝灯大法師位施暁」と記されるだけで未だ僧綱の一員ではなかったが、延暦十六年（七九七）には少僧都に補任されていることが確認できる。[39][40]

施暁の僧綱への補任に関しては、『僧綱補任』『七大寺年表』では、これ以前の延暦十二年（七九三）に律師に補任されたことがみえる。永忠の場合でみたように、延暦年間における『僧綱補任』『七大寺年表』を無批判に信用することはできないが、『日本後紀』の当該巻が散逸しているためにその事実を確認することはできない。ただし『僧綱補任』延暦十二年（七九三）条における施暁に付されている注記には、その任命の年月を「二月廿日」と日付まで記されており、何らかの根拠があったものと考えられ、一応この時点での律師への補任が行われたものと考えて差し支えはないであろう。そして、『僧綱補任』の注記は任命の日付に続いて、「行基菩薩／孫弟子。光信大徳弟子」とある。また、『七大寺年表』にもほぼ同様の文が記載されているが、行基の孫弟子ではなく「行基弟子」とあり、さらに「法相宗」という注記が加えられている。以上から、弟子もしくは孫弟子とその記載事項は若干異なるが、施暁が行基の法脈に列なる僧侶であったということが指摘できよう。

ところで、施暁のみは『本朝高僧伝』に「住持」とあり、時期的にも梵釈寺の創建が開始されるのと同時ということを考えるならば、あるいは他の者とは異なり清行の禅師十人の中に含まれていた可能性は充分に存在し、別当とは異なる可能性はあるがその当否は不明とするしかない。また、施暁と桓武天皇との間にどのような関係があって梵釈寺との関係が生じたのかということについても不明であり、あるいは行基の法脈に列なっているということが何らかの意味を持つ可能性を指摘できるに過ぎない。そして、施暁が梵釈寺の別当であったとするならばその期間であるが、その下限を明確に示すものは何もないが、遅くとも等定が梵釈寺の検校を任された延暦十八年（七九九）以前、むしろ律師となったであろう延暦十二年（七九三）の段階で梵釈寺の別当職を離れていたものと推測できる。

第二代の等定については先にも少し触れたが、梵釈寺の経蔵の整備を行うことが可能となるためには、等定自身の経歴も大きく関係している。等定の僧綱における経歴は延暦九年（七九〇）に律師に補任され[41]、以後延暦十二年（七九三）には少僧都[42]、延暦十六年（七九七）に至り大僧都に任じられている[43]。そして、その二年後の延暦十八年（七九九）に大僧都辞任に際して、桓武天皇より梵釈寺の検校を任されている。等定の場合、僧綱の一員となった時点における年齢は七十歳という高齢であり、律師補任から大僧都辞任まで僅か十年足らずのことであるということを考えると、実際に僧綱としての綱務にどの程度積極的に関与できたのかは甚だ疑問となる。その年齢から考えて、名誉職的な意味合いが含まれていたであろうことは想像に難くない[44]。さらに、桓武天皇との間には「師範」と称する伝承が生ずるほどであり、両者には密接な関係があったと推測できるが、その結果として梵釈寺の検校すなわち別当に等定が特に任命されたものと考えられる[45]。

第三代の常騰は法相宗の第六祖であると伝えられ、『日本後紀』弘仁六年（八一五）九月辛未（四日）条には卒伝が収録されており、経歴が記されている。その経歴の中で、最初は興福寺に入寺したが、後に忠芬との間に不和を生じて西大寺へと移住したことが記されているが、先に『日本紀略』延暦二十二年（八〇三）十月丙午（二十九日）条でみたような梵釈寺および崇福寺との関係、さらには桓武天皇との関係等についても全く記載されていない。また、延暦二十四年（八〇五）七月には度者を賜っているが、(46)この時の度者を賜う対象となっているのは常騰をはじめとする三十七人であり、特に常騰のみに対して行われていることではない。したがって、史料より常騰と桓武天皇との関係を明らかにすることはできないが、両者を結び付けるものとして善珠の存在を推測することができる。

つまり、善珠自身も興福寺において玄昉に師事しており、また地理的にみて善珠が住した秋篠寺と西大寺との距離は非常に近く、常騰との交流の機会は多分に存在している。また、善珠と桓武天皇との関係についても深いものがあり、(47)善珠を通じて常騰と桓武天皇との間にも何らかの関係が生じたものと考えられ、その結果『日本紀略』の記事にも明らかなように、梵釈寺の別当のみならず崇福寺の検校をも行うことになったのであろう。ただし、梵釈寺の別当となった時期は不明であり、遅くとも延暦二十二年（八〇三）十月以前であったとのみ指摘できるが、この別当就任についてはおそらく等定の後を受けてのものであると考えられる。その後、常騰は延暦二十四年（八〇五）六月には律師に補任されており、これを契機として梵釈寺および崇福寺の寺務から離れたのであろう。そして、この年は永忠が帰国を果たした年であり、律師就任のために寺務から離れた常騰に替わって、帰朝後間もない永忠が梵釈寺の別当に任じられたものと推測できる。

おわりに――永忠と桓武天皇――

では、永忠と桓武天皇、両者の接点は何であったのか。確かに、その内容は不明であるが、永忠は在唐中にもかかわらず、延暦十五年（七九六）に渤海を通じて書を朝廷に送っている。この行為を通じて桓武天皇との間に何らかの関係が生じたとも考えられるが、それにも増して重要であると思われることとして、永忠の出自が挙げられる。

永忠の出自については、『元亨釈書』の伝に「秋篠氏」と記されている。この秋篠氏に関して『新撰姓氏録』左京神別下に「秋篠朝臣　同上」とみえるが、「同上」は「菅原朝臣」の項に「土師宿祢同祖。乾飯根命七世孫大保度連之後也」とあるのと同じであるということを示している[48]。この「秋篠」については『続日本紀』延暦元年（七八二）五月癸卯（二十一日）条において、土師宿祢安人らが土師からの改姓を請い、その結果許されて安人をはじめとする兄弟男女六人に秋篠の姓が与えられている。その後、延暦九年（七九〇）十二月辛酉（三十日）条では、勅によって菅原道長と秋篠安人らに対して朝臣の姓が与えられている。そして、この勅において「正六位上土師宿祢諸士等賜二姓大枝朝臣一。其土師氏惣有二四腹一。中宮母家者是毛受腹也。故毛受腹者賜二大枝朝臣一。自餘三腹者。或従二秋篠朝臣一。或属二菅原朝臣矣一」と述べられている。すなわち、土師氏には四系統が存在し、母である高野新笠の生母、桓武天皇にとっては母方の祖母の系統である毛受（百舌鳥）の系統には大枝朝臣を、それ以外の三系統にはそれぞれ秋篠朝臣・菅原朝臣を名乗らせたとあり、桓武天皇の意識として、系統を異にするものの同じ土師氏であるという同族意識があったことを示している。実際、桓武天皇の母である高野新笠は延暦八年（七八九）に崩じているが、その崩伝には「母贈正一位大枝朝臣真眞妹」とあることによってもその出自が確認でき、祖母の出自が土師氏であったということが、桓武天皇にとって土師氏の一族である大枝・秋篠・菅原の各氏に対する意識の基礎となるものといえる。[49][50]

ところで、永忠と秋篠安人との関係は定かではないが、両者の年齢を考えると、永忠の場合は卒去の時点で七十四歳とあることから天平十五年（七四三）の生まれとなる。一方の秋篠安人については、『日本紀略』弘仁十二年（八二一）正月丁未（十日）条に記される卒去記事に「七十歳」とあることから、天平勝宝四年（七五二）の誕生となり、永忠のほうが十歳年長ということになり、両者が兄弟であった可能性も若干は存在するが確証はなく、ただ近い血縁であったであろう可能性は指摘できる。また、秋篠氏については延暦四年（七八五）に土師氏から改姓している土師淡海とその姉諸主などが存在するが、この場合も秋篠安人の場合と同じく、桓武天皇が持っていた意識としては同様であろう。[51]

以上のように、桓武天皇と土師氏の系統である秋篠氏との関係には、一種の同族意識が存在していたといえるが、永忠が何れの秋篠氏の出身であるか明確にはできないものの、秋篠氏の出身であったということが重要な意味合いを持つであろうことは想像するに難くない。すなわち、留学僧であった永忠が桓武天皇によって梵釈寺の「主」いわゆる別当に選ばれたのは、永忠の学識もさることながら桓武天皇の祖母の出身氏族である土師氏の一族であったということが大きな要因ではなかったかと推測できる。そのために、梵釈寺という桓武天皇の勅願によって建立された寺院へ特に抜擢されて、その「主」すなわち別当に任ぜられることになったのだろう。さらに、想像を許されるならば、法相宗と三論宗という違いこそあれ、秋篠氏の氏族名の起源となる秋篠の地にあった秋篠寺の住僧である善珠の存在も考慮するべきであろう。なお付け加えるならば、永忠が梵釈寺の別当であった期間は決して長くはなく、大同元年（八〇六）には律師として補任されているということから考えて、それを契機として梵釈寺別当の地位を離れていたものと推測される。ただし、そうすると僅かに別当在任は一年にも満たない年数となり、後世「梵釈寺永忠」と称されるには明らかに期間が短いが、あるいは例外的な措置が行われた可能性もあるが不明とするしかない。

註

（1）佐伯有義『日本後紀』巻下（増補六国史巻六、朝日新聞社、一九四一年）に逸文として収録されている。
（2）小山田和夫「『日本後紀』における僧侶の卒伝に関する基礎的考察」（佐伯有清先生古稀記念会編『日本古代の祭祀と仏教』、吉川弘文館、一九九五年）。
（3）佐伯有清『伝教大師伝の研究』（吉川弘文館、一九九二年）。
（4）佐伯有清前掲註（3）著書。
（5）普通、永忠が梵釈寺の寺主となったととらえられているが、史料では寺主という表記ではなく「梵釈寺の主（ツカサ）」とあり、この主が寺主を意味しているかどうかについては不明であり、以後「寺主」と括弧付きで表記する。
（6）小山田前掲註（2）論文および佐伯前掲註（3）著書など参照。
（7）安藤俊雄・薗田香融校注日本思想大系四『最澄』（岩波書店、一九七四年）所収『顕戒論』。
（8）前掲註（7）書所収『顕戒論縁起』、『平安遺文』第八巻四三二一号文書。
（9）『平安遺文』第八巻四三二七号文書。
（10）外国の使節に書状を託するということは永忠以外も行っており、例えば『続日本紀』宝亀五年（七七四）三月癸卯（四日）条では、新羅の使節が在唐中であった藤原清河の書を携えて来朝している。
（11）佐伯有義前掲註（1）書。
（12）『日本紀略』延暦十五年（七九六）五月丁未（十七日）条。
（13）『七大寺年表』でも延暦三年（七八四）には永忠の律師補任が記されている。
（14）小山田前掲註（2）論文。
（15）『日本後紀』延暦二十三年（八〇四）三月癸卯（二十八日）条。なお、この時の節刀授与は二度目のことであり、最初の遣唐使一行の任命は延暦二十年（八〇一）八月庚子（十日）に行われており、遣唐使一行に対する賜物などは延暦二十二年（八〇三）三月庚辰（二十九日）に行われて、同年四月壬午（二日）には節刀が授けられている（『日本紀略』）。しかし、十四日に乗船し、十六日に出発しているが、「暴雨疾風」などによって難破したため引き返して（同書延暦二十二年〈八〇三〉四月癸卯〈二十三日〉条）おり、この時には再度の節刀授与がなされた。また、出発後および渡唐後の経過については『日本後紀』延暦二十四年（八〇五）六月乙巳（八日）条に記されている。
（16）遣唐使の一行は、先ず延暦二十四年（八〇五）六月乙巳（八日）に大使藤原葛野麻呂の乗船する第一船が、対馬島下県郡に到着し、同月甲寅（十七日）には判官菅原清公の第二船が肥前国松浦郡鹿島に到着、七月戊辰朔には大使藤原葛野麻呂が節刀を返上している（『日本後紀』）。
（17）遣唐使の任命は宝亀六年（七七五）六月辛巳（十九日）に行われ、宝亀七年（七七六）四月壬申（十五日）には節刀が授けられ、出発しているが閏八月庚寅（六日）には渡海を断念し、十一月己巳（十五日）に節刀を返している。その後、翌宝亀八年（七七七）二月戊子（六日）に渡海の安全を天神地祇に祈り、四月戊戌（十七日）には大使佐伯今毛人は再び辞見しているが、佐伯今毛人は病と称して留まっている。そのため、癸卯（二十二日）には副使である小野石根を持節として出発している（『続日本紀』）。
（18）宝亀十年（七七九）の遣唐使は前年帰国した遣唐使とともに来朝した唐使孫興進のための唐客使として宝亀九年（七七八）十二月己丑（十七日）に任命されており、五月丁卯（二十七日）に出発している（『続日本紀』）。
（19）帰国は先ず十月乙未（二十三日）に第三船が肥前国松浦郡橘浦に、続いて十一月壬子（十日）には第四船が薩摩国甑嶋郡に到着し、乙卯（十三日）第二船が薩摩国出水郡に到着している。なお、第一船は海中で中断され、舳先と艫がそれぞれ肥前国天草郡と甑嶋郡に漂着している（『続日本紀』）。

(20) 帰朝の正確な年次は不明であるが、六月辛亥（二十四日）に節刀が進められている（『続日本紀』）。

(21) 鈴木靖民「遣唐使」（『国史大辞典』第五巻、吉川弘文館、一九八五年）では、遣唐使一覧表において疑問符付きながら、宝亀八年（七七七）の遣唐使の学問僧として、延暦二十四年（八〇五）の遣唐使の随伴者として永忠の名が挙げられている。

(22) 『日本後紀』大同元年（八〇六）四月丙辰（二十三日）条。この時には、勝虞と玄賓が大僧都に、如宝と泰信が少僧都、そして永忠が律師にそれぞれ補任されている。

(23) 中井真孝「平城朝の仏教政策」（『日本古代仏教制度史の研究』、法藏館、一九九一年、初出『鷹陵史学』第三・四合併号は一九七七年）。

(24) 『僧綱補任』弘仁元年（八一〇）条には、大僧都永忠に施された注記に「九月甲寅任小僧都」と、さらに朱書として「大同元年任律師注。爰云小僧都可尋」とある。また、同様な記事は『七大寺年表』にもみられる。

(25) 『日本後紀』大同元年（八〇六）六月癸卯（十一日）条。

(26) 『日本後紀』弘仁元年（八一〇）九月甲寅（十七日）条。

(27) 『日本後紀』弘仁四年（八一三）正月丁巳（三日）条。

(28) 渡辺照宏・宮坂宥勝校注、日本古典文学大系七一『三教指帰　性霊集』（岩波書店、一九六五年）。

(29) 坂本太郎・平野邦雄監修『日本古代氏族人名辞典』（吉川弘文館、一九九〇年）、「永忠」の項参照。

(30) 『日本後紀』弘仁六年（八一五）四月癸亥（二十二日）条。

(31) 前掲註（16）に同じ。

(32) 『日本後紀』大同元年（八〇六）三月辛巳（十七日）条

(33) 村尾次郎『桓武天皇』（人物叢書、吉川弘文館、一九六三年）。

(34) 村尾前掲註（33）書。

(35) 佐久間竜「等定」（『日本古代僧伝の研究』、吉川弘文館、一九八三年、初出は「東大寺僧等定について」とし

て『日本歴史』第二八五号、一九七二年)。
(36)西口順子「梵釈寺と等定」(『史窗』第三六号、一九七九年)。
(37)『延喜式』巻二十一玄蕃寮別当三綱条。
(38)中井真孝「奈良時代の僧綱」(前掲註(23)著書所収、初出は井上薫教授退官記念会編『日本古代の国家と宗教(上)』吉川弘文館、一九八〇年)。
(39)『類聚国史』巻第百八十七「度者」。
(40)『日本後紀』延暦十六年(七九七)正月辛丑(十四日)条。
(41)『続日本紀』延暦九年(七九〇)九月辛未(八日)条。
(42)『僧綱補任』および『七大寺年表』延暦十二年(七九三)条。少僧都補任については正史にはみえないが、『類聚国史』巻第五「八幡大神」延暦十三年(七九四)三月戊寅(三日)条には少僧都としてあり、この時点以前に少僧都となっていた。
(43)『日本後紀』延暦十六年(七九七)正月辛丑(十四日)条。
(44)拙稿「東大寺と等定」(本書第三章)。
(45)『三国仏法伝通縁起』華厳宗の項。
(46)『日本後紀』延暦二十四年(八〇五)七月壬午(十五日)条。
(47)村尾前掲註(33)著書、直木孝次郎「秋篠寺と善珠僧正」(『奈良時代史の諸問題』、塙書房、一九六八年、初出は『続日本紀研究』一〇の一〇・一一、一九六三年)。
(48)佐伯有清『新撰姓氏録の研究』考證篇第三(吉川弘文館、一九八二年)。
(49)『続日本紀』延暦八年(七八九)十二月乙未(二十八日)条。
(50)『続日本紀』延暦八年(七八九)十二月壬子(十五日)条。
(51)『続日本紀』延暦四年(七八五)八月癸亥朔条。

第五章　下野薬師寺と如宝・道忠

はじめに

留学僧栄叡・普照らの招きに応じて、五度にわたる渡航の失敗をも顧みず天平勝宝五年（七五三）十二月[1]にようやく来日を果たした鑑真であるが、鑑真の来朝すなわち戒師招請に関しては「三師七証による正当な授戒儀軌を樹立し、大戒（具足戒）受戒の道を開き、ひいては戒律の権威を高めた」という点に歴史的意義があると指摘されている[2]。そして、戒律を徹底するために戒を授ける戒壇として東大寺戒壇院、筑紫観世音寺、下野国薬師寺の三箇所にいわゆる三戒壇が設けられた。

このうち、東国を対象として戒壇が設けられた下野国薬師寺の存在は、東国の仏教を考察する上で、決してその存在は軽くはない。また、戒壇が創設された際に、当然三師七証の受戒を行うための有資格者いわゆる戒師が当然東国へと派遣されたことは想像に難くない。ただし、どのような人物が派遣されたのか、その詳細については明確ではないが、鑑真の弟子の中で如宝と道忠、この両者が授戒のために派遣された僧侶であろうことは既に先学によって指摘されている[3]。

本章においては、下野国薬師寺に戒壇が設置された理由と、如宝・道忠両名の派遣の事実について考察を加える。

一、下野国薬師寺と戒壇創設

下野国薬師寺については、その創建に関することは必ずしも明確であるとは言い難く、創建開始時期についての記載が国史に全く存在しないために諸説が存在する。以下において佐藤信氏による研究を基にみていくと[4]、創建時期については大きく分けて(1)天智朝説、(2)天武朝説、(3)文武朝説の三説に分類が行われている。その根拠となるものは何れも後世に成立した史料によるが、その中でも比較的古い史料である『続日本後紀』嘉祥元年（八四八）十一月己未（三日）条には、

己未。下野國言。藥師寺者。天武天皇所㆓建立㆒也。體製巍々。宛如㆓七大寺㆒。資財亦巨多矣。坂東十國得度者。咸萃㆓於此㆒。而只有㆓別當㆒。無㆓講讀師㆒。令㆘㆓國講師㆒勾㆗當雜事㆖。求㆓諸故實㆒。未㆑覩㆓所由㆒。望請。准㆓大宰府觀音寺㆒。簡㆘擇戒壇十師之中。智行具足。爲㆓衆所㆑推者㆖。充㆓任講師㆒。便爲㆓授戒之阿闍梨㆒。勅。講師依㆑請任㆑之。但讀師臨㆑事。次第充㆓用彼寺僧中智行兼備者㆒。別當之職。早從㆓停止㆒。

とあり、また『類聚三代格』に収められている嘉祥元年（八四八）十一月三日付の太政官符にもほぼ同様のことが記されている[5]。ここに記される「天武天皇所建立」という天武朝説が有力なようである。なお『続日本後紀』と『類聚三代格』で相違する部分としては、天武天皇の建立という一文に続いて「體製巍々。宛如㆓七大寺㆒。資財亦巨多矣」という下野国薬師寺の規模等に関する文章の有無のみであ

る。ここで注意すべきは、「建立之由」に関しては大宰観世音寺と「一揆」と記されている部分である。戒壇創設に関するものである可能性もあるが、あるいは下野国薬師寺自体の創建に関しての話である可能性も否定することはできないであろう。あくまでも推測に過ぎないが、天智天皇が筑紫観世音寺を創建したのに対して、天武天皇が下野国薬師寺を創建したと読み取ることもできる。そうすると創建当初から単なる地方寺院としての出発ではなかった可能性は高いといえる。

　創建年代については天武朝が有力ではあるものの、実際に造営が行われていたかどうかという点に関しては、文献史料によっては確認することができない。ただ、下野国薬師寺の創建に関して、東国出身で古く下毛野国造という系譜を持つ下毛野氏の出身であり、その中でも『大宝律令』の撰定にも参加し、持統・文武・元正の三天皇に仕えた下毛野古麻呂の存在を指摘する意見も存在する。[6] この下毛野古麻呂は、右大弁[7]・参議[8]・兵部卿[9]・式部卿[10]を歴任し、卒した時点で「式部卿大将軍正四位下」であった[11]。地方豪族出身であるにもかかわらず、朝廷においてその存在は特筆すべきではある。そして、その国史における初見である『日本書紀』持統三年（六八九）十月辛未（二十二日）条には、

　辛未。直廣肆下毛野朝臣子麿奏。欲レ免二奴婢陸佰口一。奏可。

とあり、古麻呂が所有していた奴婢六百人を解放することを願い出て許可されている。私奴婢を良民とすることで口分田の拡大を意図していたと指摘されているが[12]、その豊かな経済力は注目に値する。

また、『続日本紀』慶雲四年（七〇七）三月庚申（二十二日）条には、

　庚申。従四位上下毛野朝臣古麻呂。請下改二下毛野朝臣石代姓一爲中下毛野川内朝臣上。許レ之。

と、同族である下毛野石代の改姓を願い出て、下毛野川内朝臣とすることが許されている。この下毛

野石代は大宝元年（七〇一）七月には多治比嶋の喪儀に際して百官の誄を述べている[13]。そして、下毛野氏の中でも河内郡を本貫とする一族であったらしく、下野国薬師寺が河内郡に所在していたことを考えるならば、下毛野氏と下野国薬師寺の関係は無視することはできない。そのため、下野国薬師寺について下毛野氏の氏寺的な性格を見出す見解が出されている[14]。

しかし、天平年間になると下野国薬師寺造営に関する史料として正倉院文書の天平五年（七三三）の「右京計帳」に「下野國藥師造司工[15]」、天平十年（七三八）の「駿河国正税帳」には「下野國造藥師寺司宗藏[16]」という記述がみられ、下野国薬師寺の造営は造寺司が置かれて行われていたことが明らかとなる。つまり、この史料をみる限りは遅くとも天平年間には下野国薬師寺は官寺もしくはそれに準ずる存在であったことがうかがわれる。また、「駿河国正税帳」にみえる宗蔵については注記があり「上一口助僧二口／従三口」と記されている。「助僧」という記載から、宗蔵自身も僧侶であったことが明らかとなり、下野国薬師寺の造営には僧侶の関与があったことが指摘できる。

また、造営に関しては特に瓦の供給体制が河内郡域を越えて存在していることが確認されている。加えて、下野国府・国分寺に主に供給された瓦も使用されていることなどから、下野国府の関与、すなわち下野国と造寺司との間に密接な関係が存在していたと推測されている[17]。

ところで、下野国薬師寺の寺院としての性格を考える上で重要な記事として、『続日本紀』天平勝宝元年（七四九）七月乙巳（十三日）条には、

乙巳。定二諸寺墾田地限一。大安。藥師。興福。大倭國法華寺。諸國分金光明寺。寺別一千町。大倭國國分金光明寺四千町。元興寺二千町。弘福。法隆。四天王。崇福。新藥師。建興。下野藥師

寺。筑紫観世音寺。寺別五百町。諸國法華寺。寺別四百町。自餘定額寺。寺別一百町。

とある。諸寺に対して墾田地所有の限度が設定されているが、その中に下野薬師寺に対しては五百町が許可されており、この時点では明らかに官寺としての扱いを受けていることが知られる。この時は戒壇が設置された筑紫観世音寺もともに同額の墾田地所有が認められてはいるが、戒壇が設置される以前であるにもかかわらず、ともに五百町の墾田地所有が許可されているのは特筆に値し、下野国薬師寺の寺院としての性格を考える上で重要な意味合いを持っている。つまり、この時墾田地所有の限度が定められた寺院をみてみると、諸国分金光明寺と諸国法華寺はいうまでもなく国分寺・国分尼寺のことであり、それ以外でここに名前が挙がっている寺院は大寺もしくはそれに準ずる寺院であった。そして、水野柳太郎氏によれば、『延喜式』で大寺またはそれに準ずる存在であった寺院のうち、八世紀中頃に存在したものは、すべて墾田地所有許可にみえており、下野国薬師寺と建興寺のみが『延喜式』にみえていないと指摘している(18)。つまり、平安時代の『延喜式』編纂の段階では大寺ではなかったとしても、奈良時代のこの天平勝宝元年（七四九）の時点では下野国薬師寺は単なる官寺ではなく、むしろ大寺もしくはそれに準じる寺院であったと考えることができよう。

そう考えると、下野国薬師寺の所在地である河内郡、その河内郡に東国の有力氏族である下毛野氏の支族である下毛野川内氏が存在していたとしても、地方豪族の建立した氏寺が官寺、しかも大寺に準じる待遇を得る寺院へと変容を遂げることが可能かどうか疑問である。藤原氏の氏寺である興福寺が官寺となってはいるが、たとえ有力氏族であったとはいえ、藤原氏と下毛野氏を同様に考えることには躊躇せざるを得ない。天皇家との関係ということに関しては、下毛野氏であったとしても藤原氏の足下にも及ばないのである。むしろ、先に挙げた天武天皇の建立という説が事実であるかは別にしても、当初から官寺として造営が開始されたと考えられるのである。

そして、戒壇の設置であるが、これは天平宝字五年（七六一）のことであったと解されている。ただし、『続日本紀』には戒壇設置に関する記事は存在せず、『帝王編年記』巻十一天平宝字五年（七六一）正月二十一日条に以下の記事がみえる。

正月廿一日。勅曰。東山道信濃國坂以東國々。以㆓下野國藥師寺㆒爲㆓戒壇院㆒。西海道諸國。以㆓筑紫觀音寺㆒爲㆓戒壇院㆒。

これによると勅として、東山道信濃国以東は下野国薬師寺を、西海道諸国に対しては筑紫観世音寺を戒壇としたことが記されている。下野国薬師寺が東国での戒壇となったことは、先に挙げた『続日本後紀』嘉祥元年（八四八）十一月己未（三日）条にもあり、さらに『延喜式』治部省玄蕃寮授戒条には、

凡沙彌。沙彌尼應㆓受戒㆒者。限㆓三月上旬㆒。集㆓於僧綱所㆒。先勘㆓會度縁㆒。然後受戒。々々畢具錄㆓僧數㆒。使幷十師連署進㆑官上奏。卽省於㆓度縁末㆒注㆓受戒年月日㆒。幷官人署名卽捺㆓省印㆒以爲㆓記驗㆒。其外國沙弥。沙弥尼者。皆請㆓當國文牒㆒。東海道足柄坂以東。東山道信濃坂以東。竝於㆓下野國藥師寺㆒。西海道於㆓筑紫觀世音寺㆒受戒。卽當處官司案記印署。竝准㆓上例㆒。仍造㆓歴名二通㆒。一通留㆑國。一通附㆑使進㆑官。官付㆓所司㆒。

とあり、下野国薬師寺・筑紫観世音寺がともに戒壇であったことに相違ない。ただ、『延喜式』では下野国薬師寺で受戒する範囲がより明確となっており、『帝王編年記』が「東山道信濃國坂以東

國々」とだけあるのに対して、「東海道足柄坂以東」をもその対象として含まれている。これは、単に対象となる範囲の国が広がったというよりも、『帝王編年記』のほうに記事の不備があったと考えたほうがよい。

では、何故下野国薬師寺に戒壇が設置されたのかということが問題となるが、やはり下野国薬師寺という寺院の性格に大きな要因を認めることができる。つまり、天武天皇創建かどうかということは別にしても、東国における唯一の官寺であったということにその要因が求められる。しかも、先の天平勝宝元年（七四九）七月乙巳（十三日）条にその名が明記されている寺院をみると、国分寺・国分尼寺を除けばそのほとんどがいわゆる大寺と位置付けられる寺院であり、その大寺に列して下野国薬師寺の名が挙げられている。下野国薬師寺が大寺であったと証明する史料がなく、断言することは難しいが、それでも大寺に準ずる寺院であったと考えることは可能であろう。そして、そのために戒壇設置に際して、西海道を対象とする筑紫観世音寺とともに東国における戒律宣揚の拠点に選ばれ、戒壇が設けられたと考えられるのである。

二、如宝

戒壇が下野国薬師寺に設置されたということは疑いない事実であり、授戒のために十師が置かれていた。これは『続日本後紀』嘉祥元年（八四八）十一月己未（三日）条に「戒壇十師」とあることからも確実である。ただし、天平宝字五年（七六一）に戒壇が設置された当初に誰が「十師」として派遣されたのかについては、その詳細は不明である。その中で鑑真の弟子である如宝と道忠が下野国薬師寺に戒師として派遣されたといわれているが、[19]『続日本紀』によって確認することはできず、やはり後世の史料に頼るしかないのが実情である。

まず如宝であるが、淡海三船撰『唐大和上東征伝』に鑑真が来朝した際に同行した一行の名が記されており、

相随弟子揚州白塔寺僧法進、泉州超功寺僧曇静、台州開元寺僧思託、揚州興雲寺僧義静、衢州靈雲寺法載、竇州開元寺僧法成等一十四人。藤州通善寺尼智首等三人。揚州優婆塞潘仙童、胡國人安如寶、崑崙國人軍法力、瞻波國人善聽、都合廿四人。

とあり、優婆塞として鑑真に随行した者の中に安如宝の名がある。既に周知のことではあるが、如宝は「安」という姓から胡国人であり、さらにソグド人の安国出身であったとも推測されている。[20]

如宝の名が国史に初めてみえるのは『日本後紀』延暦十六年（七九七）三月丁酉（十一日）条で勝虞とともに律師に任ぜられている。その後、延暦二十一年（八〇二）正月には度者一人を賜り、[21]大同元年（八〇六）四月には少僧都となっている。[22]この間、延暦二十三年（八〇四）正月には講律を永代の例とせんことを請い許されている。[23]そして、『日本後紀』弘仁六年（八一五）正月己卯（七日）条には卒去記事があり、その卒伝が掲載されているが、

少僧都傳燈大法師位如寶卒。大唐人。不レ知二何姓一。固二持戒律一。無レ有二缺犯一。至二於呪願一。天下絶レ疇。局量宏遠。有二大国之風一。能堪二一代之壇師一者也。

とある。すなわち、国史において如宝の東国派遣については全く触れられていない。

そして、下野国薬師寺と如宝の関係についての記載がある史料を挙げると、まず『律苑僧宝伝』巻十の「招提寺如宝律師伝」には、

住㆓東國薬師律寺㆒。律行嚴潔爲㆑世所㆑宗。天平寶字七年。受㆓大師之囑㆒。住㆓招提寺㆒。

とあり、『招提千歳伝記』巻上之一伝律篇「第四祖如宝少僧都伝」では、

爲㆑國被㆑重。住㆓持野州薬師寺㆒。譽振㆓東國㆒。天平寶字七年親受㆓太祖遺囑㆒。歸㆓住招提㆒以爲㆓四世㆒。

という記載がある。さらに『本朝高僧伝』巻第五十七「和州招提寺沙門如宝伝」にも、

住㆓下野薬師寺㆒。戒行冰雪。聲望遠敷。緇素欽尚。移㆓招提寺㆒。闡㆓揚律敎㆒。

とみえる。何れもかなり時代が下る成立となるが下野国薬師寺の住持となったこと、さらには天平宝字七年（七六三）には唐招提寺へ戻り、鑑真に後事を託されたということが明記されている。すなわち天平宝字七年（七六三）五月六日に鑑真が入滅しており(24)、遅くともこの時点以前には平城京の唐招提寺に戻っていたことになろう。このことに関しては『三国仏法伝通縁起』巻下の律宗の項には、

天平寶字七年癸卯五月六日入滅。春秋七十六。和尚以㆓招提寺㆒付㆓如寶法載義靜三人㆒。

とあることからも推測できる(25)。

しかし、下野国薬師寺に戒壇が設けられたのが天平宝字五年（七六一）以降であり、天平宝字七年（七六三）に唐招提寺へ戻っていたとすると、僅か足掛け三年しか下野国薬師寺に居なかったということになる。戒壇の設置にどのくらいの期間が必要であったのかは明確ではないが、少なくとも三度の授戒を行っただけということになり、「譽振㆓東國㆒」あるいは「聲望遠敷。緇素欽尚」というような状況が生じ得たのかどうか疑問とせざるを得ない。したがって、如宝の下野国薬師寺への派遣に関

しては、事実か否かは判断が難しくなる。
ただし、『東大寺要録』巻第五別当章第七の「戒和上次第」に、法進以来の戒和上九十二名が列記されているが、その第二代に、

二、如保和上和尚資　薬師寺　寶龜五年任八十四
神護景雲二年任少僧都

とあり、第四代の豊安に「如保資」とあることから、この如保は如宝のことであることが明らかとなる。[26] そして、如宝に付された注に「薬師寺」とあり、この薬師寺が下野国薬師寺であるという指摘がある。また、佐伯有清氏は如宝の少僧都補任は先に挙げたように大同元年（八〇六）四月であることから、この神護景雲二年（七六八）が下野国薬師寺への派遣年次ではないかとも指摘している。[27] そう考えることが妥当であるとするならば、如宝が戒壇院の戒和上に任ぜられる宝亀五年（七七四）以前、その時期は不明であるがある程度の長期間にわたって下野国薬師寺の戒師であった可能性が生じる。

天平宝字五年（七六一）の時点での如宝の年齢は明確ではない。如宝の年齢を考える場合、『性霊集』巻第八所収の「招提寺達嚫文」が挙げられる。これは「招提寺法統律將」すなわち如宝が、「于時。年花數萎。八十忽臨」と八十歳になったので、四恩に報ずるために写経を行い、百僧を招いて一乗を講読した時の表白文であるといわれている。[28] しかし、この「招提寺達嚫文」には承和元年（八三四）二月十一日という日付が付されているが、すでにみたように弘仁六年（八一五）正月己卯（七日）に卒去しており、年代的に矛盾が存在する。[29] 単に日付の間違いだけであるのか、あるいは全くの偽作であるのかその判断は如何ともし難い。この「招提寺達嚫文」が収録されているのは『性霊集』でも巻八であることが問題となる。巻八は正式には『続遍照発揮性霊集補闕抄』であり、空海の弟子

真済が編纂した『遍照発揮性霊集』全十巻の散逸した巻八・九・十の三巻分を、済暹が承暦三年（一〇七九）に新たに収拾して成立したものであり、全てを信用することはできない。

ただし、『性霊集』巻第四には「為大徳如宝奉謝恩賜招提封戸表」が収録されており、これは『日本後紀』弘仁三年（八一二）七月己巳（十三日）条に、

己巳。封五十戸施入招提寺。

と、唐招提寺に封戸五十戸が施入されていることに関連して、如宝が空海に代筆を依頼したものであろう。また、『高野雑筆集』には年月未詳ながら空海の如宝宛のものと推定される書簡が収められるなど、如宝と空海との間に交流が存在したことから、「招提寺達嚫文」も如宝が空海に作成を依頼したものと考えられていたのである。しかし、年代を考えると「招提寺法統律將」は必ずしも如宝のことではなく、むしろ如宝の弟子である豊安のほうが妥当ではないだろうか。空海と同時期に僧綱の一員となっており、承和七年（八四〇）までは存命であった[30]ということを考慮するならば、決して矛盾はないと考えられる。

したがって、如宝の年齢に関しては不詳とするしかないが、先に述べたように来朝した際に優婆塞であったということを考えると、その時点では比較的若年であったと考えられる。『招提千歳伝記』巻上之一伝律篇「第四祖如宝少僧都伝」には、

幼而入㆓于太祖之門㆒。乃成㆓息慈㆒。未㆑進㆓具戒㆒。太祖東去。寶便従於㆓東大壇㆒。自㆓吾太祖㆒受㆓於具戒㆒

とあり、来朝後に東大寺の戒壇において鑑真より具足戒を受けた旨が記されている。ただし、時期が

明記されていないためにいつ頃具足戒を受けたのかは不明であるが、天平勝宝五年（七五三）以前ということは有り得ず、そうすると果たして天平宝字五年（七六二）に戒師として東国へ派遣されるということが可能であったかどうかは大いに疑問となろう。つまり、来朝から戒壇の設置まで足掛け九年しかなく、鑑真一行が難波に到着したのが翌天平勝宝六年（七五四）二月一日であり、平城京へ入京したのが四日である。[31]そして東大寺戒壇院建立の宣旨が下されたのが同年五月一日であることを考慮するならば、[32]さらに期間は減少し、八年あるかどうかということになる。また、『唐大和上東征伝』にあるように如宝が来朝した段階で優婆塞であったならば、具足戒を受け比丘となるためには、その前段階である得度して沙弥となる必要があったであろうし、さらに具足戒を受け比丘となっても、戒を授ける戒師となるには一定期間が必要であろうと考えられる。足掛け八年という期間では戒師となるには時間的に無理が生じるであろう。そうすると、如宝が下野国薬師寺へ派遣されたと断言することはできず、むしろ天平宝字五年（七六二）段階では有り得ないといっても良いのではないだろうか。ただし、如宝の派遣が事実であったとするならば、佐伯氏が指摘されているように神護景雲二年（七六八）時点で東国に派遣されたと考えるほうが自然ということになる。

三、道忠

道忠については、如宝とは異なり僧綱の一員ではなく、国史にもその名を見出すことはできない。しかし、『叡山大師伝』に最澄の一切経写経の助写を行ったことが記されている。さらに、道忠の弟子である円澄が第二代天台座主となったのをはじめ、道忠の法脈に列なる第三代円仁、第四代安慧が三代にわたって天台座主となるなど、最澄との関係によって大いに注目されるべき存在であった。(33)ただし、道忠の事績については不明な部分が非常に多く、比較的古い伝記としては『元亨釈書』巻第十三「明戒」所収のものが挙げられ、

釋道忠。事二鑒眞一稟二戒學一。眞稱二持戒第一一。嘗爲二東州導師一。好行二利濟一。民俗呼二菩薩一。賛曰。佛敎之爲レ利也。先レ他後レ己。不二唯己爲一。又令二レ佗爲一レ利。是釋氏之綱紀也。照師勸レ瑎伴レ眞。有レ意二於此一乎。睿雖没獠郷。名不亡矣。我尋二眞之徒一不レ得。纔得二一三子一。立爲二戒之稱首一焉。

と記されている。これには、鑑真の弟子であり持戒第一と称され、東国において活動し菩薩と呼ばれたことが記されている。これに類する記載は早く最澄の伝記である『叡山大師伝』に、

又有二東国化主道忠禅師者一。是此大唐鑑真和上持戒第一弟子也。伝レ法利レ生。常自為レ事。

とある。また、やはり後世の伝記においても大同小異の記載がみられる。煩雑ではあるが以下に挙げると、『律苑僧宝伝』巻第十「道忠律師伝」には、

道忠律師。不レ知二何許人一。事二鑒眞大師一稟二律學一。戒行冰嚴。緇白嚮慕。大師稱二其持戒第一一。嘗行二化東州一。好行二利濟一。時人以二菩薩一稱之。天台圓澂嘗慕二師德一。夙夜服勞無二難色一。師察二其誠懇一。授以二菩薩戒一。

とある。また『招提千歳伝記』巻中之一明律篇「道忠律師伝」には、

道忠律師。不レ知二何許人一。師二事吾祖大僧正一。戒行氷潔。緇白尊慕。吾祖稱賛曰二持戒第一一。嘗行二

化東州一。好行二利濟一。國人號二菩薩一也。天台圓澂未レ爲レ童時。慕二師之德一。夙夜服勞。曾無二難色一。
師哀二其誠懇一。授以二菩薩戒一。又傳教大師欲レ弘二通台教一。書二寫經卷一。師殊助二其功一云。

とみえる。さらに『本朝高僧伝』巻第五十七「武州慈光寺沙門道忠伝」では、

釋道忠。本州人。不レ得二俗系一。出家習學。及レ拜二鑒眞一。進二具足戒一。持律之嚴也。雖二鵝護艸繫一。
而不レ讓レ急焉。眞公稱二忠持戒第一一焉。或導二師東州一。或利二濟河内一。所レ致之民。以二菩薩一呼レ之。
建二慈光寺一。爲二第一祖一。遐邇歸レ德。睿山圓澄。初師事之。稟二菩薩戒一。

とある。これらの伝記類によると『叡山大師伝』が基本となって伝記が形成されているであろうことが推定できる。したがって、道忠という僧侶に関しては「東国化主」「大唐鑑真和上持戒第一弟子」と称されていたことが明らかとなる。さらに、当時からの称号であるかどうかは明確ではないが、伝記では時代が下ると「菩薩」という尊号までが付け加えられている。道忠の実際の活動が如何なるものであったのか、その詳細は伝わらないが、道忠を中心とする師弟の集団に関しては道忠教団と名付けられており、その活動範囲は東国の広い範囲に展開しているようである。

例えば、道忠の弟子としてその名が現在に伝えられている者は、主に下野国の大慈院と上野国の浄土院（緑野寺）が中心となっている。前者の僧としては広智・基徳・鸞鏡・徳念の名が挙げられており、後者では教興・道応・真静といった僧が輩出している。特に前者にある広智は、先に挙げた円仁・安慧の師であり、さらに第七代天台座主猷憲は広智の弟子である徳円の弟子であるなど、広智の法統は特に天台宗の関係が深いようである。そして、『元亨釈書』巻第三慧解二之三「延暦寺円仁伝」に円仁の師である広智について記述している部分があり、それには、

同郡大慈寺僧廣智徳行兼優。俗號二廣智菩薩一者也。

とある。また同書巻二慧解二之一「延暦寺安慧伝」にも、

七齢事二州之小野寺廣智一。俗之號二菩薩一者也。

と記されており、広智も「菩薩」と称されたことが判る。道忠・広智という師弟はともに菩薩と称されていたことになり、『叡山大師伝』にある「伝レ法利レ生。常自為レ事」ということを反映しているとも考えられよう。

さらに浄土院については、平安時代初期においては、良質の一切経を所蔵する寺院としてその名が朝廷にまで届いていたようである。『続日本後紀』承和元年（八三四）五月乙丑（十五日）条に、

乙丑。勅。令下相摸。上総。下総。常陸。上野。下野等國司。勠レ力寫二取一切經一部一。來年九月以前奉進上。其經本在二上野國緑野郡緑野寺一。

とあり、相模をはじめとする東国六箇国に対して一切経を書写せしめる勅が出されているが、書写を行う際の底本として緑野寺の一切経を使用することが指定されているが、この緑野寺が浄土院の別名である。これはかつて道忠が最澄の一切経書写を援助したこととも何らかの関係を有していると考えられる。すなわち、『叡山大師伝』によると最澄が一切経の書写を発願した際に、叡山に一切経を備えておらず、南都の諸寺等へ助縁を請うたが、その際に道忠が大小経律論二千余巻の書写を行い、最澄を助けているのである。そして、道忠が書写した巻数は『開元釈教録』の場合の総数五千五十八巻であることを考えると、全体の約四割にも達するのである。(34)

このように、道忠の場合は東国においてその活動は活発であったであろうと推測でき、さらには弟

子達の名も伝わっている。そういう点、如宝に関しては何も伝わっていないことを考えると、道忠のほうが東国ではかなり有力な人物であったといえるのではないだろうか。

ところで、道忠の出自については明記されてはおらず、「不レ知二何許人一」とあるなど出身氏族・出身地等に関しては不明であるという。ただ、『本朝高僧伝』には「本州人」とあることから、鑑真の弟子の中でも唐からの随従者ではなく、鑑真が来朝した後に弟子となり、具足戒を受けたと考えられる。となると、当然天平勝宝五年（七五三）以降ということになるが、如宝が優婆塞という立場であったのに対して、道忠は少なくとも沙弥であったであろうと推測できる。また「持戒第一」と称されていることを考えると、下野国薬師寺に戒壇が設置された当初から、戒師として派遣されることは最も適任者であったといえよう。

おわりに

以上、史料等の関係から推測に推測を重ねるという部分が多くなったが、以下の三点について考察を行った。

まず、天平宝字五年（七六一）に下野国薬師寺に戒壇が設置された理由であるが、それは下野国薬師寺の寺院としての性格にその要因が求められる。下野国薬師寺は、決して単なる地方の一寺院という存在ではなく、大寺もしくは大寺に準ずる待遇を受けていた寺院であったために、西海道を対象とする筑紫観世音寺に対して、東国を対象とする戒壇が設けられることとなったと考えられる。

そして、戒壇を設置するに際しては戒律を授ける戒師が当然派遣されていると思われるが、その時に派遣された僧侶の一人に鑑真の弟子で持戒第一と称された道忠が派遣された可能性が大いに存在する。それに対して、やはり鑑真の弟子である如宝も戒壇の設置とともに下野国薬師寺へと赴いたと伝えられているが、その事実は甚だ疑問であり、たとえ実際に派遣されたとしても、それは天平宝字五年（七六一）のことではなく、神護景雲二年（七六八）のことであったと考えることができるのである。

註

（1）『類聚三代格』巻二「経論幷法会請僧事」所収、天長二年（八二五）二月八日付太政官符。なお、『続日本紀』では天平勝宝六年（七五四）正月壬子（十六日）条にかける。

（2）中井真孝「鑑真――その生涯と来日の意義――」（『朝鮮と日本の古代仏教』、東方出版、一九九四年）。

（3）久野健「唐招提寺と安如宝」（井上光貞博士還暦記念会編『古代史論叢』中巻、吉川弘文館、一九七八年）。由木義文『東国の仏教』（山喜房仏書林、一九八三年）等。

（4）佐藤信「下野薬師寺と下野国河内郡」（『出土史料の古代史』、吉川弘文館、二〇〇二年、初出は「下野薬師寺の歴史」として『南河内町史　通史古代・中世』、一九九八年）。

（5）『類聚三代格』巻第三「諸国講読師事」。

太政官符

應レ置二下野國藥師寺講師一事

右得二彼國解一偁。撿二案内一。件寺天武天皇所二建立一也。板東十國得度者咸萃二此寺受一戒。今尋二建立之由一。与二大宰觀音寺一一揆也。而只有二別當一無二講讀師一。令三國講讀師勾二當雜事一。求二諸故實一未レ覩二所由一。望請。准二彼觀音寺一。簡二擇戒壇十師之中智行具足爲レ衆所レ推者一充二任件職一。便爲二授戒之阿闍梨一。謹請二官裁一者。右大臣宣。奉レ勅。講師依レ請任之。其秩限幷布施供養。准二國講師一用二寺家物一。但讀師臨レ事次第充二用彼寺僧中智行兼備者。別當職早従二停止一。

嘉祥元年十一月三日

（6）佐藤前掲註（4）論文。

（7）『続日本紀』大宝元年（七〇一）四月庚戌（七日）条。

（8）『続日本紀』大宝二年（七〇二）五月丁亥（二十一日）条。

（9）『続日本紀』慶雲二年（七〇五）四月辛未（二十二日）条。

（10）『続日本紀』和銅元年（七〇八）三月丙午（十三日）条。

（11）『続日本紀』和銅二年（七〇九）十二月壬寅（二十日）条。

（12）小島憲之・直木孝次郎・西宮一民・蔵中進・毛利正守校注『日本書紀』③（新編日本古典文学全集4、小学館、一九九八年）頭注。

（13）『続日本紀』大宝元年（七〇一）七月壬辰（二十一日）条。

（14）佐藤前掲註（4）論文。

（15）『大日本古文書』一巻四八二頁。

（16）『大日本古文書』二巻一〇八頁。

（17）佐藤前掲註（4）論文。

（18）水野柳太郎「寺院の墾田地」（『日本古代の食封と出挙』、吉川弘文館、二〇〇二年）。

（19）久野前掲註（3）論文。田村晃祐「道忠とその教団」（『二松学舎大学論集』、一九六六年）、同『最澄』（人物叢書、吉川弘文館、一九八八年）。

（20）『日本後紀』延暦十六年（七九七）三月丁酉（十一日）条。

丁酉。（中略）傳燈大法師位勝虞。如寶。並爲二律師一。

（21）『類聚国史』巻百八十七、仏道十四、度者、延暦二十一年（八〇二）正月丁丑（二十日）条。

廿一年正月丁丑。賜二參議従三位藤原朝臣乙叡。近衛中將従三位坂上大宿祢田村麻呂。參議従四位上藤原朝臣縄主。律師傳燈大法師位勝虞。傳燈大法師位惠雲。傳燈大法師位如寶。傳燈大法師位安鋶。修行法師位光曉等各度一人一。

（22）『日本後紀』大同元年（八〇六）四月丙辰（二十三日）条。
丙辰。少僧都大法師勝虞。大法師玄賓爲二大僧都一。律師大法師如寶。大法師泰信為二少僧都一。大法師永忠為二律師一。正六位上錦部足人授二外從五位下一。

（23）『日本後紀』延暦二十三年（八〇四）正月戊戌（二十二日）条。
戊戌。律師傳燈大法師位如寶言。招提寺者。斯唐大和上鑒眞奉二為聖朝一所レ建也。天平寶字三年。勅以二没官地一賜レ之。名爲二招提寺一。又以二越前國水田六十町。備前國田地十三町一。充二給供料一。令レ學二戒法一。以来殆五十年。雖レ有二経律一。未レ經二披講一。一則乖二和上之素意一。一則闕二佛道之至志一。伏望。令下永代傳講。便用二賜田一。充中律供儲上。然則招提之宗久而無レ廢。先師之旨没而不レ朽。許レ之。

（24）『続日本紀』天平宝字七年（七六三）五月戊申（六日）条。

（25）『招提千歳伝記』巻上之一伝律篇「第二祖法載和尚伝」にも「天平寶字七年太祖臨レ滅囑二師及義靜如寶三公一」とみえる。

（26）久野前掲註（3）論文。由木前掲註（3）著書。

（27）佐伯有清『伝教大師伝の研究』（吉川弘文館、一九九二年）。

（28）久野前掲註（3）論文。

（29）佐伯前掲註（27）著書。

（30）国史に卒去記事はみえないが、『僧綱補任』承和七年（八四〇）庚申条に「九月十三日入滅」とあり、『招提千歳伝記』巻上之一伝律篇「第五祖豊安贈僧正伝」にも「承和七年九月十三日。泊然而寂」とある。

（31）『唐大和上東征伝』に「（天平勝宝六年）二月一日、到難波、（中略）四日、入京」とある。

（32）『東大寺要録』巻第四、諸院章第四の「戒壇院」の項に「天平勝寶六年甲午五月一日。被レ下二戒壇院建立之宣旨一」とある。

（33）田村前掲註（19）論文。由木前掲註（3）著書。

（34）拙稿「最澄と一切経」（伊藤唯真編『日本仏教の形成と展開』、法藏館、二〇〇二年）。

第六章　入唐前の空海

はじめに

延暦二十三年（八〇四）に派遣された藤原葛野麻呂を大使とする遣唐使の一行に随行して、最澄と空海という平安時代初期の仏教界を代表する二人の僧侶が入唐を果たしている。同時に入唐したとはいえ、最澄が入唐請益僧として朝廷および仏教界の期待を受けていたのに対して、空海は当時未だ無名の一留学僧に過ぎず、入唐に際して両者の資格は全く異なっていた。このことは、最澄が十五歳得度・二十歳受戒を経て、官僧として『法華経』研鑽の末に天台宗相伝のための入唐であったのに比べて、空海は大学に入学して官人としての出身を目指していたという経歴からすると大幅な方向転換であったといえる。

ところで、空海の入唐までの経歴については不明な部分が多いが、「十五歳で上京し、外舅阿刀宿禰大足について漢学を学び、十八歳で大学明経科に入学した。ある時、一沙門から虚空蔵求聞法を授けられ、（中略）大学を辞して山林修行を行った。延暦十六年（七九七）『聾瞽指帰』（のち『三教指帰』と改題）を著して（中略）仏教への出家宣言した[1]」という理解が行われている。このことについ

ては、空海の著書である『三教指帰』の序文に、

文之起必有由。天朗則垂象。人感則含筆。是故鱗卦聃篇。周詩楚賦。動乎中。書于紙。雖云凡聖殊貫。古今異時。人之寫憤。何不言志。余年志學。就外氏阿二千石文學舅。伏膺鑽仰。二九遊聽槐市。拉雪螢於猶怠。怒繩錐之不勤。爰有一沙門。呈余虚空藏聞持法。其經説。若人依法。誦此眞言一百萬遍。即得一切教法文義諳記。於焉。信大聖之誠言。望飛熖於鑽燧。躋攀阿國大瀧嶽。勤念土州室戸崎。谷不惜響。明星來影。遂乃。朝市榮華。念念厭之。巖藪煙霞。日夕飢之。看輕肥流水。則電幻之歎忽起。見支離懸鶉。則因果之哀不休。觸目觀我。誰能係風。爰有一多親識。縛我以五常索。斷我以乖忠孝。余思。物情不一。飛沈異性。是故。聖者驅人。教網三種。所謂。釋李孔也。雖淺深有隔。竝皆聖説。若入一羅。何乖忠孝。復有一表甥。性則很戾。鷹犬酒色。晝夜爲樂。博戲遊俠。以爲常事。顧其習性。陶染所致也。彼此兩事。每日起予。所以請龜毛。以爲儒客。要兔角。而作主人。邀虚亡士。張入道旨。屈假名兒。示出世趣。倶陳楯戟。竝箴蛭公。勒成三卷。名曰三教指歸。唯寫憤懣之逸氣。誰望他家之披覽。

于時延曆十六年臘月之一日也。

とあり、この記載から導き出されている。ただし、『三教指帰』には同じ延暦十年（七九一）十二月一日の日付をもつ『聾瞽指帰』の存在が知られているが、『聾瞽指帰』は『三教指帰』とは序文と、巻末の「十韻之詩」等が異なっている。そのため、右に挙げたような記載はみられず、さらに『三教指帰』の偽撰説が呈されるなど問題が生じている(2)。

『三教指帰』が仮に後世の偽作であるにしても、『三教指帰』が引用したと指摘されている(3)『続日本

後紀』承和二年（八三五）三月庚午（二十五日）条には以下のように記されている。

庚午。勅遣下二内舎人一人一。弔二法師喪一。幷施中喪料上。後太上天皇有二弔書一曰。眞言洪匠。密教宗師。邦家憑二其護持一。動植荷二其攝念一。豈圖崦嵫未レ逼。無常遽侵。仁舟廢レ棹。弱喪失レ歸。嗟呼哀哉。禪關僻在。凶聞晩傳。不レ能三使者奔赴相二助茶毘一。言之爲レ恨。悵悼曷已。思二忖舊窟一。悲凉可レ料。今者遥寄二單書一弔レ之。著録弟子。入室桑門。悽愴奈何。兼以達レ旨。法師者。讃岐國多度郡人。俗姓佐伯直。年十五就二舅従五位下阿刀宿祢大足一。讀二習文書一。十八遊二學槐市一。時有二一沙門一。呈二示虚空藏聞持法一。其經説。若人依レ法。讀二此眞言一百万遍一。乃得二一切教法文義諳記一。於レ是信二大聖之誠言一。望二飛焰於鑽燧一。攀二躋阿波國大瀧之嶽一。觀二念土左國室戸之崎一。幽谷應レ聲。明星來レ影。自レ此慧解日新。下レ筆成レ文。世傳。三教論。是信宿間所レ撰也。在二於書法一。最得二其妙一。與二張芝一齊レ名。見レ稱二草聖一。年卅一得度。延暦廿三年入唐留學。遇二青龍寺惠果和尚一。禀二學眞言一。其宗旨義味莫レ不二該通一。遂懷二法寶一。歸二來本朝一。啓二秘密之門一。弘二大日之化一。天長元年任二少僧都一。七年轉二大僧都一。自有二終焉之志一。隱二居紀伊國金剛峯寺一。化去之時年六十三。

これは、同年三月丙寅（二十一日）条の空海卒伝記事[4]に続いてあるもので、後太上天皇（淳和太上天皇）の弔書に続いて空海の卒伝が記されている。卒伝では、入唐までの経歴についてほぼ同様の記載がみられるが、この『続日本後紀』は六国史の一つとして空海卒去後三十四年目に当たる貞観十一年（八六九）八月に完成しており、数ある空海伝の中でも最も早く成立したものの一つであり、その信頼度は高いといえる。しかし、十五歳で阿刀大足への就学ということと十八歳での大学入学、およびその後の虚空藏求聞持法受法については記されているが、十五歳での入京や大学を辞したということに関しては全く触れられていない。

空海が「一沙門」と出会って「虚空蔵求聞持法」を受法したということに関しては、信頼できる史料に記述がみえ、ほぼ事実と考えて差し支えない。この出会いが、空海に僧侶としての道を歩ませる重要な転機であったと考えて差し支えはないであろう。しかし、空海が大学を辞して山林修行の一優婆塞として再出発したというのは、信頼性に欠ける史料である『御遺告』、あるいはそれに基づいて作成された多くの空海伝によって語られているところであり、再考を行いたい。

一、出自について

空海の出自について、卒伝に「讃岐國多度郡人。俗姓佐伯直」とあることから、讃岐国多度郡出身であり、佐伯直氏であったことが明らかである。さらに『日本三代実録』巻五貞観三年（八六一）十一月十一日辛巳条[5]によると、「讃岐國多度郡故佐伯直田公」について「田公是大僧正父也」とあり、父は佐伯田公であったことが判る。しかし、延暦二十四年（八〇五）九月十一日付太政官符案[6]には「讃岐國多度郡方田郷戸主正六位上佐伯直道長戸口同姓眞魚」とあり、国郡名のみならず郷名まで記されているが、戸主としては佐伯道長と記載されており、『日本三代実録』とは異なっている。また、『伴氏系図』[7]では「田公—道長—空海」となっており、空海からみて田公は祖父であり、父は道長となっている。

したがって、空海の父として田公と道長という二人が挙げられるが、このうち『伴氏系図』の讃岐佐伯直氏の系譜については、史料としての信憑性には疑問が持たれており、採用することはできない。また、太政官符案についても、道長は空海の所属する戸の戸主であったに過ぎず、同様のことは最澄の場合にも存在する。最澄の場合、宝亀十一年（七八〇）十一月十日付の「近江国府牒」(8)や延暦二年（七八三）正月二十日付の「度牒案」(9)に「戸主正八位下三津首浄足戸口」とあるのに対して、伝記類では父が三津首百枝とある。このような相違は、戸主が父であるという後世の観念から生じたものであり、空海の場合も父は田公であったと考えて差し支えはない。

ところで、空海は十五歳の時に母方の叔父である阿刀大足に就いて学んだことは、空海の著書である『文鏡秘府論』の序文に「貧道幼就表舅頗學藻麗。長入西秦粗聽餘論」とあることからも確認できる。しかし、ここで問題となることは、空海が国学に入学したのかどうかということである。

すなわち、古代令制下における教育機関としては、中央には大学が、諸国には国学が設置されて官吏養成が行われていた。そして、讃岐国にも国学が置かれていたことが認められており(10)、学令大学生条に定められた就学規定には以下のようにある。

凡大學生。取二五位以上子孫。及東西史部子一爲之。若八位以上子。情願者聽。國學生。取二郡司子弟一爲之。大學生式部補。國學生國司補。並取二十三以上十六以下聰令者一爲之。

ここには、大学生および国学生に関する規定があるが、両者に共通する項目として年齢が挙げられる。そして、空海の十五歳という年齢に関しては国学への入学に関して何ら矛盾することはない。したがって、年齢から考えるならば、国学へ入学した可能性が高く、阿刀大足は国博士であったと考えることができる。

しかし、大足が伊予親王の侍講であったという経歴から考えると、都に居住していた可能性もあり、空海は国学には入学せずに上京した可能性も存在する。この十五歳で上京したということは、『御遺告』にある「及于生十五入京」という記事と合致するが、『御遺告』では学問を始めたのが十五歳以前となっており、十五歳の上京時には大安寺勤操からの「虚空蔵求聞持法」受法の年となっており、この時点での事実を確認することはできない。むしろ、のちに大学に入学しているという経歴から考えると、国学に入学していたと考えたほうがよいであろう。

その場合問題となることに、国学への入学資格が空海にはあったのかどうかということがある。空海の生家である佐伯直氏は、旧讃岐国造であったことが先の『日本三代実録』に記述されている。また、通説では代々郡の役人を勤めた家柄であり、田公自身は郡の少領であったといわれているが、『日本三代実録』には田公の位階は記されてはおらず、同じ故人であっても田公の子供達には位階が記されていることから考えて、無位無官であった可能性が高い。このことは、選叙令郡司条に、

凡郡司。取下性識清廉堪二時務一者上。爲二大領少領一。強幹聰敏工二書計一者。其大領外従八位上。少領外従八位下敍之。其大領少領才用同者先取二國造一。

とあり、本来田公が少領であったならば、たとえ低くとも外従八位下という官位が冠せられているはずである。また、たとえ主政・主帳であったとしても考課を経たならば何らかの位階を与えられていたはずであり、故人とはいえ位階の表記がないことを考えると、田公に関しては無位無官であったといえる。そうすると、国学の入学規定である「郡司子弟」と矛盾することになるが、『令義解』学令大学生条の子弟に関する注には「謂。子孫弟姪之屬也」とあることから、空海が所属する戸の戸主で

ある佐伯直道長が正六位上という位階を有しており、何らかの官職に就いていたと考えるならば、空海の場合も郡司の子弟として国学に入学することは可能であった。

ところで、空海が大学に入学したのは十八歳ということであり、就学規定で定められている年齢には合致しない。また、下級官人であっても八位以上の子弟であれば情願によって入学は可能であったが、『令義解』学令大学生条の注には「問。八位以上子。情願任者聴。畿内外同不。答。畿外不取。又外六位以下不取也。但並得任國學生耳」とあり、畿外である讃岐国出身の空海が情願による方法で大学へ入学することは不可能であり、令の規定には反していたことになる。この矛盾に対しては、「当時の学制に何らかの変更があったのかも知れない」[11]というような見解、あるいは伊予親王の侍講であった叔父阿刀大足らの力で入学できたというような、例外的な措置として入学したという見解[12]が存在する。

しかし、令の規定がそう都合よく変更されたとは考え難い。また、阿刀大足が侍講となった時期も明らかではなく、仮に既に伊予親王の侍講であったとしても元服前の親王の侍講に果たしてそれ程の力があったのかどうか甚だ疑問とせざるを得ない。むしろ、学令通二経条には[13]、

凡學生通二一經以上一求二出仕一者。聴二擧送一。其應レ擧者。試二問大義十條一。得二八以上一。送二太政官一。若國學生雖レ通二二經一。猶情願レ學者。申二送式部一。考練得レ第者。進二補大學生一。

とあり、国学から大学へと進む道も開かれており、このコースを辿ったと考えるほうが自然であろう。そして、成績について学令先読経文条に「頻三下。及在學九年。不堪貢擧者。並解退」とあり、退学規定が定められている。この「頻三下」について、『令義解』に「謂。三年頻下也」とあり、三年と

いうのが一つの基準となっていたと考えられ、十五歳で国学に入学した空海は、基準である三年あるいは四年で二経以上に通じ、そして考練得第して十八歳の時に大学に入学したということができる。

二、大学入学前後

大学入学後の空海については一般的に、「一沙門」と出会い大学を辞し、「虚空蔵求聞持法」を修することで仏教に傾倒し、そして延暦十六年（七九七）に『聾瞽指帰』を著して出家宣言を行い、さらに仏道修行に専念していったと考えられている。確かに、卒伝における記述でその時間経過は大学入学の記事に続いて、「一沙門」との出会いが記されている。また山林修行を経て「三教論」執筆に至ったという経過で記述されている。しかし、大学を辞したという事実に関しては何ら触れられてはおらず、普通いわれているように二、三年で退学したということを導き出すことはできない。『聾瞽指帰』を著した時点での空海の学識を考えた場合、大学を途中で辞したと考えるよりも、むしろ卒業していたと考えることができるのではないだろうか。

これに関連すると思われることとして、吉備真備が入唐前に従八位下を授与されていることに注目して、その出身についての考察が野村忠夫氏によって行われている。それによると、下級武官下道朝臣国勝の子である真備は、情願によって十五歳前後で大学に入学し、六、七年を経て貢試、その結果「進士甲第」という成績を修めて、養老選叙令秀才出身条によって従八位下を授位された。そして、入唐留学生に選ばれた、という大学寮出身コースを歩んだと推測している(14)。

そうすると、六、七年という年数は、一般に大学生が大学を卒業するのに要した年数と考えることができる。そして、この年数は空海が大学に入学し、その後延暦十六年（七九七）までの消息の詳らかではない空白の期間とほぼ一致するのである。ただし、学令先読経文条には「其従レ國向二大學一者。年數通計」という規定があり、延暦十六年（七九七）は十五歳で国学に入学した空海にとって十年目に当たり、既に就学年限の九年は終わっており、時期的には卒業していたといえる。

空海が大学においてどの課程に属していたか、空海自身は何も述べてはおらず、卒伝にも何ら記述はないが、『空海僧都伝』には、

入京時遊大學。就直講味酒淨成。讀毛詩尚書。問左氏春秋於岡田博士。

とある。ここにみえる「直講味酒淨成」と「岡田博士」のうち、岡田博士は『続日本紀』延暦十年（七九一）十二月丙申（十日）条に、「外従五位下岡田臣牛養爲二大學博士一」とある大学博士岡田牛養と考えられる。そして、この年は空海が大学へ入学した年であり、実在の人物と考えて差し支えない。また、職員令大学寮条によれば、博士・助教・音博士・書博士・算博士の別があり、このうち博士は「教授經業」することを職務としていた。さらに、学令博士助教条に「凡博士助教。皆取二明經堪師者一」ることとなっており、一般に博士という場合は明経博士であった。したがって、空海は当時の大学において本科であり、かつ主流であった明経道に在籍して経道を学んでいたと考えられる。

では、大学在籍中であるにもかかわらず、『聾瞽指帰』にみえるように、儒教・道教・仏教の知識を得ることは果たして可能であったのだろうか。『三教指帰』に引用されている文献をみてみると、その数は非常に多く、普通漢籍類（外典）は六十九種、仏典関係は二十七種が数えられている(15)。また、

櫛田良洪氏によると、仏典についてはその数はさらに増加して五十九種を挙げることが可能ということである。(16) そして、『聾瞽指帰』は『三教指帰』と三百六箇所に語句の校異が指摘されているが、(17) 本文・内容は同じであり、引用文献にはほぼ大差ないと考えてよいであろう。

ここで、引用されている六十九種の漢籍類のうち、『周易』『尚書』『周礼』『儀礼』『礼記』『毛詩』『春秋左氏伝』『孝経』『論語』は明経道で教科書として採用されており、また紀伝道（文章道）の教科書である三史（『史記』『漢書』『後漢書』）『文選』『爾雅』も引用されている。(18) これは、空海が在籍していた明経道のみならず、他の課程についても造詣が深かったということができる。ただし、空海が国学で学んでいたという経歴、あるいは叔父の阿刀大足の存在も無視することはできないが、とても二、三年で大学を辞して得られる知識ではない。むしろ、大学における課程を修了していたと考えるほうが自然であり、その結果が「亀毛先生論」において記されていると考えられる。

また、「虚亡隠士論」では道教、「仮名乞児論」では仏教について各々述べている。空海が道教・仏教に関しての知識を持っているとはいえ、大学を辞して後にそれを学んだと考えるのは早計に過ぎず、大学に在籍していたとしても、道教・仏教についての知識を学ぶことは決して不可能ではなかった。

道教については加地伸行氏によって、『指帰』本論の中で、論旨において最も弱く不明確であると指摘されている。そして、その理由として、我が国では教団道教が根付かなかったために、道教としてではなく老荘思想・老子的心境といったものの理解のほうが中心に行われていたためだという。(19) したがって、『淮南子』『神異経』『神仙経』『荘子』『抱朴子』『列仙伝』『老子』『老子経』『老子内伝』等の一通りの道教経典に目を通しながらも、専ら書物からの理解のみを行ったためということができる。

さらに、仏教に関しては、櫛田良洪氏が、延暦十六年（七九七）当時は既にかなり深い理解があったことを指摘している[20]。このことは、「仮名乞児論」の内容および引用文献から考えると明らかになる。しかし、これを空海が大学を辞して仏道修行を行っていた結果と短絡的に考えるべきではなく、むしろ、道教と同じく書物からの理解であったのではないだろうか。奈良時代には既に南都六宗は諸寺において成立しており、空海が仏教を学び、あるいは仏典類の閲覧を行うためには、大学生という確かな身分のほうが都合が良かったのではないだろうか。

ただし、大学に在籍し、なおかつ道教・仏教に関する知識を得る余裕を持つことが可能であったのかが問題となる。これについては学令先読経文条に「凡學生。先讀二經文一。通熟。然後講レ義。毎レ旬放二一日休暇一」とあり、一応十日に一日の割合で休暇が認められている。また、同令請假条には、

凡學生請レ假者。大學生經レ頭。國學生經二所部國司一。各陳牒量給。

と田假・授位假に関する規定が定められており[21]、ある程度の期間の休暇が存在していた。そして、同令不得作楽条には、極端な例ではあるが、

凡學生在レ學。不レ得二作樂一。及雜戲一。唯彈レ琴習レ射不レ禁。其不レ率二師教一。及一年之内。違レ假滿二百日一者。並解退。

という学生の日常生活の心得に関する規定の中で、百日未満であれば不正休暇も黙認されているのである。

以上から、たとえ大学在学中であっても、道教・仏教の知識を深めていくことも可能であったと考

えられるが、大学に在学しながら「仮名乞児論」にみられる、「或登金巖。而遇雪坎。或跨石峯。以絶粮轗」というような修行を行うことが可能であったのだろうか。これに関して、役小角に代表されるような山岳修行者、または私度僧の類は古くから存在し、空海自身に実体験はなくとも見聞による著述は決して不可能ではない。また、大学在学中であっても、先にみたような一定期間の休暇は認められており、さらに『聾瞽指帰』の日付である延暦十六年（七九七）は、大学卒業に必要な六年、国学・大学を通じて就学可能な期限である九年を経た翌年に当たるのである。したがって、空海は大学を辞することなく、一年間は仏道修行を行うことができる。そして、「阿波國大瀧之嶽」「土左國室戸之崎」はともに四国であり、大学卒業後に故郷四国の修行地を回ったと考えることも可能となる。そうすると、空海が大学を辞したと考える必要は全くなくなり、むしろ延暦十五年（七九六）に大学を卒業したと考えたほうがよいであろう。

その場合、空海が「一沙門」と出会ったのは延暦十六年（七九七）以降と考える必要はなく、空海の仏教に対する造詣の深さを考えると、短期間に独学で学んだと考えるよりも、信頼のおける学僧について学んだと考えたほうがよいであろう。その学僧が誰であったのかについては、『釈摩訶衍論』という経典の存在が一つの鍵となるのではないだろうか。つまり、空海が『指帰』に『釈摩訶衍論』を引用しているという指摘があり[22]、当時偽経とされていた[23]『釈摩訶衍論』を引用することは普通は考え難い。引用するためには『釈摩訶衍論』を所持・理解している人物に教えを請う必要があると思われる。そして、この『釈摩訶衍論』を請来した大安寺の戒明は空海と同じ讃岐国出身であり、堀池春峰氏によって「一沙門」に比定されている[24]。また、小野玄妙氏は空海の入唐をこの『釈摩訶衍論』の疑義を解決せんがためのものと考えているなど[25]、空海の思想の上に大きな影響を与えたもののようである。

したがって、「一沙門」が戒明であった可能性はかなり大きいと考えられるが、「一沙門」はあくまでも「一沙門」であり、戒明であっても勤操であっても全く差し支えはないであろう。空海に仏教を、そして密教の一端を知らしめたということのほうがむしろ重要であり、それは何も戒明一人である必要はなく、複数の「一沙門」が存在していたとしても何ら不都合はないであろう。

三、得度と受戒

空海が留学僧として入唐するためには、第一条件として、当然のことではあるが官僧でなければならないということが挙げられる。僧尼令で私度僧が禁じられている以上、日本の公式使節である遣唐使に随行するためには私度僧では不可能である。また空海が帰国後、『請来目録』という帰国報告書を朝廷に提出していることからも明らかとなる。

官僧として、僧尼の身分を証明するために朝廷から与えられるものに、「公験」がある[26]。公験については『続日本紀』養老四年（七二〇）正月丁巳（四日）条に「始授二僧尼公験一」とあり、以後制度化されたと考えられている。公験には三種あるが、これについては『令集解』僧尼令任僧綱条に、

養老四年二月四日格。問。大學明法博士越知直廣江等。答。凡僧尼給二公験一。其數有レ三。初度給一。受戒給二。師位給三。毎レ給收レ舊。仍注二毀字一。但律師以上者。毎二遷任一有二告牒一。不レ在二收

レ舊之例一也。

とある。得度・受戒および師位僧となる時に給うものがあり、各々「度縁」「戒牒」「位記」と呼ばれる三種類の証明書である。

これらは、僧尼にとって重要なものであるが、特に度縁と戒牒は、国家による仏教統制の一つの基盤をなすものであり、得度・受戒の制度と密接な関係を形成していた[27]。すなわち、得度の際に与えられるものが度縁であり、得度によって在家信者の優婆塞・優婆夷が沙弥戒・沙弥尼戒を受けて、沙弥・沙弥尼となることを証明するものであった。そして、得度によって戸籍から名を削除され、僧尼籍へと編入されていた。また、戒牒は受戒の際に与えられるもので、沙弥・沙弥尼が具足戒を授けられて比丘・比丘尼となるもので、宗教的な側面からは受戒が重要視されていた。しかし、政治的な面からは得度の有無によって一般人と区別しており、受戒よりも得度のほうに重きが置かれていたと考えられる。

そして、空海の得度が行われた時期に関しては、

①延暦十一年（七九二）十九歳説
②延暦十二年（七九三）二十歳説
③延暦十七年（七九八）二十五歳説
④延暦二十二年（八〇三）三十歳説

以上の四説が存在する。このうち①は『大師御行状集記』の「御出家條第九」に、

有書曰。延暦十一年壬申。年十九。爰大師岩淵贈僧正召率大師。發向和泉國槙尾山寺。於此剃除

鬢髪。授沙彌十戒七十二威儀。名稱教海。後改稱如空。

とあることが、また②は『御遺告』に、

（前略）及于二十年。爰大師岩淵贈僧正召發向和泉國槙尾山寺。於此剃除鬢髪授沙彌十戒七十二威儀。名稱教海後改稱如空。

と記されていることが根拠となっている。二つの史料はほぼ同じ内容ではあるが、『大師御行状集記』においては「有書曰」として、『御遺告』にはよらず何か他の原史料によって記されているようである。そして、②が真言宗では採用されているが、本章において既に考察したように空海は延暦十五年（七九六）二十三歳の時点までは大学に在籍していたということから、いくら早くとも延暦十六年（七九七）二十四歳以前には得度していたとは考え難い。したがって、空海が得度したのは延暦十六年（七九七）十二月以降であり、入唐した延暦二十三年（八〇四）以前と限定することができる。

そうすると、③と④が残るが、先ず③についてであるが、これは『贈大僧正空海和上伝記』に「剃髪出家爲沙彌形時年二十五」とあることが根拠となっている。そして④は最初に挙げた『続日本後紀』掲載の卒伝に「年卅一得度」とあることによるが、年齢に関して「化去之時六十三」と記載されており、これによると宝亀四年（七七三）誕生となる。しかし、現在では空海の誕生は翌宝亀五年（七七四）であったと考えられており、その場合延暦二十二年（八〇三）の時点での年齢は三十歳となるためである。この二説であるが、『聾瞽指帰』が著されたのが延暦十六年（七九七）であるということを考えるならば、時間的に問題があるように思われる。むしろ、正史である『続日本後紀』に記載されているということを考慮するならば、卒伝を作成する際には何らかの公文書が参照されていた可能性があり、④が最も妥当であるといえよう。

また、延暦二十四年（八〇五）九月十一日付太政官符案には以下のような記載がある。

□（太）政官符　治部省

□（留）學僧空海　俗名讃岐國多度郡方田郷戸主正六位上佐伯直道長戸口同姓真魚

右去延暦廿二年四月七日出家入□□（入唐）□（省）

□（宜）承知□□（仍例）度之符到奉行

□（従）五位下□（守）左少辨藤原貞副　左大史正六位上武生宿祢真象

延暦廿四年九月十一日

これによると、延暦二十二年（八〇三）四月七日に得度を行ったという旨が記されている。この太政官符案の署名者の一人である藤原貞副は藤原貞嗣の誤写と考えられ、当時従五位下であり左大弁であったことが確認できる。[28] さらに、『弘法大師行化記』には大同三年（八〇八）六月十九日付の、空海の課役免除を命じた太政官符が引用してあり、

太政官符

應免課役度者一人

留學僧空海　年卅五　讃岐國多度郡方田郷戸主正六位上佐伯直道長戸口同姓眞魚

右、得治部省解偁。被太政官去延暦廿四年九月十一日符偁。去廿四年四月七日出家入唐。宜依度之者。仍今年年夏季應免課役申送者。省宜承知。依例。符到奉行。

大同三年六月十九日

とある。同様の官符は『高野大師御広伝』にもみえるが、こちらは「去廿三年四月出家入唐」とあり[29]、年代など相違がみられるがともに延暦二十四年（八〇五）九月十一日付の太政官符が引かれている。ただし、これらでは各々延暦二十三年（八〇四）と延暦二十四年（八〇五）とあり、混乱が生じている。これは「廿二」の誤写と考えられ、正史である『続日本後紀』の記載通り、延暦二十二年（八〇三）四月七日に得度が行われたといえるだろう。

しかし、ここで問題となるのが、この太政官符が発行された日付である。延暦二十四年（八〇五）というと、空海は前年に入唐しており、そして未だ在唐中である。それにもかかわらず、この官符によって度縁が発給されるのであり、そうすると空海は度縁を所持せずに入唐したということになるが、果たして度縁（公験）は必要としなかったのだろうか。

確かに、国内では公験の発行が多少遅れたとしても良かったのかもしれないが、唐に在っては留学僧として、その身分を証明するものが必要であったはずである。例えば、円珍の場合[30]は特別に任十禅師の治部省牒を持参し、これを唐で高官たちにみせており、また唐各州の公験を約十通も得ている。このことより、円珍は日本の度縁あるいは任十禅師牒などの身分を証明する公験が必要であったために、持参したということが考えられる。ただ円珍の場合は、正式の遣唐使の一行に随行しての入唐ではなかったためかもしれないが、空海についても入唐直後、長安入京に際して最初の随行員選定の人数から洩れたために、「請福州観察使入京啓」を提出せざるを得なかったのは、公験を持参していなかったことに原因があったと考えられる。

では、延暦二十四年（八〇五）九月十一日付の太政官符についてどのように考えればよいのか。五来重氏はこのことについて、空海が優婆塞のまま入唐したので、後事を託された友人か後援者が空海渡航後に、留学の資格をつくるために、玄蕃寮にはたらきかけて度牒をつくってもらったためだと推測している[31]。また、上山春平氏は、空海の官度の手続きについて、延暦二十四年（八〇五）六月八日に対馬の阿礼の港に帰着し、七月一日に大使の節刀を返上した遣唐大使藤原葛野麻呂の手によって行われたと考えている[32]。

ここで、最澄に関する得度の際の手続き等についてみてみると、最澄の場合は「近江国府牒」[33]と「度牒案」[34]が残っている。これらによると、宝亀十一年（七八〇）に近江国国分寺僧最寂の死欠によって三津首広野の得度の申請があり、それが許可されている。そして、同年十一月十二日に得度が行われたのであるが、度縁が発給されたのが延暦二年（七八三）正月二十日であり、得度から度縁の発給が行われるまでに、足掛け三年もの歳月を要している。

以上から、空海の度縁の発給が遅れたのも説明がつくのではないだろうか。つまり、空海は優婆塞のままで入唐したのではなく、あくまでも官僧として、留学僧という正式な身分で入唐したのであり、五来・上山両氏の考えには従いかねるのである。ただし、葛野麻呂については、帰国後に空海の度縁発給が遅滞していたのを、官に申請して催促したという可能性は否定できない。

では、空海の得度が延暦二十二年（八〇三）四月七日に行われたとするならば、翌年には入唐しており、受戒を行っていたのかどうかが疑問となるが、空海の受戒に関する史料としては戒牒案が知られている。それには、

今年四月九日於東大寺戒壇院受具足戒律　　諱空海

師主勤操　戒牒文

（中略）

沙弥空海稽首和南　大徳足下

竊以、三學殊途必會通於漏盡、五乗廣運資戒足以爲先、是以表無表戒務衆行之律梁、願以願心七支之勝躅、但空海宿因多幸、得簉法門、請禁未登、夙夜兢悚、今契延暦十四年四月九日、於東大寺戒壇院受具足戒、伏願大徳慈悲戡濟少識、謹和南疏

延暦十四年四月九日　　沙弥空海疏

とあり、[35] 延暦十四年（七九五）四月九日に受戒したことになっている。しかし、得度を行ったのが延暦二十二年（八〇三）四月七日であり、得度よりも先に受戒が行われるはずはなく、まして空海は大学に在学中である。したがって、この戒牒は明らかに偽文書であるということができよう。ただし、『弘法大師御伝』と『弘法大師行化記』にも同じ戒牒が引用されているが、これらでは「延暦廿二年四月九日」となっている。

また、堀池春峰氏は空海の受戒が行われたのは延暦二十二年（八〇三）四月と考えており、[36] 川崎庸之氏も同様に同年の受戒説を採っている。[37] しかし、これでは得度と受戒が、ともに同年の同月に行われたこととなり、両者は僅かに二日の間を置くだけである。例えば、少し時代は下るが『日本三代実録』貞観七年（八六五）三月二十五日丙午条には、

廿五日丙午。少僧都法眼和上位慧運申牒。請下一據二舊例一得度者受戒上曰。撿二舊例一。凡有二得度者一。先写二度縁一。次令二入寺一。就レ中年文度者經二一箇年一。臨時度者經二三箇年一。令レ練二沙弥之行一。然後

聴二受戒一。（以下略）

とあり、普通得度後に受戒するまでに最低でも二、三年要していたと考えることができ、空海の場合は原則としては時間的に少々無理があるといえる。[38]

むしろ、宗祖としての空海の権威を高めるために、後世戒牒が偽作されたのであり、実際には空海は受戒していなかったのではないだろうか。すなわち、留学僧となるためには、朝廷によって正式に認められた官僧であればよく、特に受戒の有無は問われなかったのではないかと考える。先にも述べたが、受戒は沙弥・沙弥尼が具足戒を受け、比丘・比丘尼となることであり、仏教という宗教上では重要な儀式ではあった。しかし、当時の国家による仏教の統制という立場を採る朝廷からみると、受戒よりもむしろ得度を重んじていたと考えられる。つまり、得度することで戸籍から削除され僧尼籍に編入され官僧として登録されるのであり、極論ではあるが原則として官僧となるには得度だけでも良かったのであろう。そう考えると、空海は得度しか行っていなかったとしても、留学僧となることは可能であったのであろう。

しかし、留学僧がどのようにして選ばれるのかは明らかではないが、[39]空海と同じように遣唐使に随行して入唐した最澄の場合は、自ら入唐することを願い出た上表文が伝わっている。このことから推測すると、留学を希望する者は自薦あるいは他薦によって選ばれ、官の選考を経て、その結果許可された者が留学僧として入唐を果たしたと考えられる。

おわりに

以上、入唐前の空海の動向について、特に大学と得度・受戒の問題を中心に考察を行った。

ここでまとめとして簡単に述べておくと、空海は延暦七年（七八八）十五歳の時に令の規定に従い国学に入学、その後二経以上に通じることで大学の貢試に合格、同十年（七九一）十八歳で大学に入学し、明経道を学んだ。そして、本科の学習に加えて他の課程に対する知識をも修め、さらに老荘思想や仏教に関しても学識を深め、その結果大学を卒業した翌年の延暦十六年（七九七）二十四歳の時には『聾瞽指帰』を著している。

『聾瞽指帰』執筆六年後の三十歳、延暦二十二年（八〇三）四月七日に得度して官僧となり留学僧として翌年に入唐を果たした。しかし、この時の遣唐使は前年に派遣されたものの再出発であり、当初は空海は留学僧に選ばれてはおらず、欠員が生じたために、受戒を行っていない、まして度縁すら発行されていないにもかかわらず急遽留学僧として補塡される機会を得たものと考えられる。

ただし、大学を卒業してから得度に至るまでの動向については明確にすることは難しい。例えば、『聾瞽指帰』を執筆したとはいえ、大学卒業後にあっさりと官人としての出身の道を諦めたのか、それとも何らかの位階を得て官職へと就いたのか、その判断は容易ではない。想像に過ぎないが、真済編の『遍照発揮性霊集』の序文には、

爰有一上人。號曰大遍照金剛。青襟摘槐林之春秋。絳帳富山山河之英萃。

と記されている。ここにみえる「絳帳」については、『続遍照発揮性霊集補闕抄』巻第十に収められている空海作の「綜藝種智院式」の「一俗博士教受事」に、

右九經九流。三玄三史。七略七代。若文若筆等書中。若音若訓。或句讀或通義。一部一帙。堪發童蒙者住。若道人意。樂外典者。茂士孝廉。隨宜傳授。若有青衿黄口志學文書。絳帳先生。心住慈悲。思存忠孝。不論貴賤。不看貧富。隨宜提撕。誨人不倦。三界吾子大覺師吼。四海兄弟將聖美談。不可不仰。

とある。ここに「青衿」「絳帳先生」という序文と同じ文字が使用されており、前者が学生を意味しているのに対して、後者は「儒教の先生」を意味している。(40) 真済が序文を作成する際に、この「綜藝種智院式」を参照していたとするならば、「絳帳」のみであっても同様の意味を持つと考えることができ、その場合に空海は大学あるいは国学に出仕していたという可能性を指摘できるであろう。

註

(1) 坂本太郎・平野邦雄監修『日本古代氏族人名辞典』(吉川弘文館、一九九〇年)、「空海」の項参照。

(2) 河内昭円「『三教指帰』偽撰説の提示」(『大谷大学研究年報』四五集、一九九四年)。太田次男「『聾瞽指帰』と『三教指帰』との本文の吟味(上)——付・『聾瞽指帰』の翻字及び校注——」(『成田山仏教研究所紀要』第一七号、一九九四年)。米田弘仁①「『聾瞽指帰』『三教指帰』研究の現状と諸問題」(『密教文化』第一九三号、一九九五年)、②「『三教指帰』の真偽問題」(『密教文化』第一九四号、一九九五年)等によって『三教指帰』偽撰説が提示されている。

(3) 河内前掲註(2)論文および米田前掲註(2)②論文。

（4）『続日本後紀』承和二年（八三五）三月丙寅（二十一日）条に「丙寅。大僧都傳灯大法師位空海終二于紀伊國禪居一」とある。

（5）『日本三代実録』巻五貞観三年（八六一）十一月十一日辛巳条には「讃岐國多度郡人故佐伯直田公男故外従五位下佐伯直鈴伎麻呂。故正六位上佐伯直酒麻呂。故正七位下佐伯直魚主。鈴伎麻呂男従六位上佐伯直貞持。大初位下佐伯直貞繼。従七位上佐伯直葛野。酒麻呂男書博士正六位上佐伯直豊雄。従六位上佐伯直豊守。魚主男従八位上佐伯直粟氏等十一人賜二佐伯宿祢姓一。即隷二左京職一。先レ是。正三位行中納言兼民部卿皇太后宮大夫伴宿祢善男奏言。書博士正六位下佐伯直豊雄疑云。先祖大伴健日連公。景行天皇御世。隨二倭武命一。平二定東國一。功勲盖レ世。賜二讃岐國一。以爲二私宅一。健日連公之子。健持大連公子。室屋大連公之第一男。御物宿祢之胤。倭胡連公。允恭天皇御世。始任二讃岐國造一。倭胡連公。是豊雄等之別祖也。孝徳天皇御世。國造之号。永従二停止一。同族玄蕃頭従五位下佐伯宿祢眞持。正六位上佐伯宿祢正雄等。既貫二京兆一。賜二姓宿祢一。而田公之門。猶未レ得レ預。謹撿二案内一。眞持。正雄等之興。只由二實恵道雄兩大法師一。是兩法師等。贈僧正空海大法師所二成長一也。而田公是「大」僧正父也。今大僧都傳燈大法師位眞雅。幸屬二時來一。久侍二加護一。比二彼兩師一。忽知二高下一。豊雄又以二彫蟲之小藝一。忝二學館之末員一。顧二望往時一。悲歎良多。准二正雄等之例一。特蒙二改姓改居一。善男等謹撿二家記一。事不二憑虚一。従レ之。」とある。

（6）『中村直勝博士蒐集古文書』（中村直勝博士古稀記念會、一九六〇年十一月）に収録されている。同じものが『梅園奇賞』にもみえるが、こちらには「太政官印」が五顆みえる。

（7）ここにみえる「方田郷」は存在せず、「弘田郷」の「弘」の「弓」篇の異体字「方」と考えられる（松原弘宣『古代の地方豪族』〈吉川弘文館、一九八八年〉）。

（8）『大日本古文書』編年文書之六、六〇四～六〇五頁。

府牒　國師所
應得度壹人
三津首廣野　年拾五　滋賀郡古市郷戸主正八位下三津首浄足戸口
（中略）

牒、被治部省去十月十日符偁、被太政官今月五日符偁、得近江国解偁、國分寺僧最寂死闕之替、國宜承知、依例得度者、國依符旨牒送如件、宜察此状、依符施行、今以状牒、

寶龜十一年十一月十日

大掾藤原朝臣係房

(9)『平安遺文』第八巻四二八一号文書

沙弥最澄　年十八　近江國滋賀郡古市郷戸主正八位下三津首浄足戸口広野　黒子　頚左一　左肘折上一

右、被治部省寶龜十一年十一月十日符偁、被太政官同月五日符偁、近江國々分寺僧最寂死闕之替、應得度者、十一月十二日國分金光明寺得度、

師主左京大安寺法師位行表

延暦二年正月廿日

（中略）

國撿案内、省符灼然、仍追与得度、

（以下略）

(10) 桃裕行『上代学制の研究』（目黒書店、一九四七年）。

(11) 渡辺照宏・宮坂宥勝『沙門空海』（筑摩書房、一九六七年）。

(12) 宮崎忍勝『私度僧空海』（河出書房新社、一九九一年）。

(13)『日本紀略』延暦十一年（七九二）二月庚子（十五日）条に「伊豫親王冠」と元服の記事がみえるが、これは空海の大学入学の翌年に当たる。

(14)　野村忠夫「律令官人社会構成と仲麻呂政権の成立――吉備朝臣真備と石川朝臣年足――」(『古代學』第六巻第一号、一九五七年)。
(15)　渡辺照宏・宮坂宥勝校注日本古典文学大系七一『三教指帰性霊集』(岩波書店、一九六五年)。
(16)　櫛田良洪『空海の研究』(山喜房仏書林、一九八一年)。
(17)　渡辺・宮坂前掲註(15)書参照。
(18)　『令集解』学令経周易尚書条、同令礼記左伝各大経条、および桃前掲註(10)著書。
(19)　加地伸行「弘法大師空海と中国思想――『指帰』両序によせて――」(中野義照編『弘法大師研究』、吉川弘文館、一九七八年)。
(20)　櫛田前掲註(16)著書。
(21)　田假については假寧令賜休假条に見えるが、授位假については不明。
(22)　櫛田前掲註(16)著書。
(23)　『釈摩訶衍論』偽経説については淡海三船の書簡や最澄の著書にみられる。なお、小野玄妙『佛教の美術と歴史』(金尾文淵堂、一九三七年)参照。
(24)　堀池春峰「弘法大師空海と東大寺」(『佛教芸術』第九十二号、一九七三年、のち『南都仏教史の研究』上　東大寺篇〈法藏館、一九八〇年〉収録)、同「弘法大師と南都仏教」(中野義照編『弘法大師空海研究』、のち『南都仏教史の研究』下　諸寺篇〈法藏館、一九八二年〉収録)。
(25)　小野前掲註(23)著書。
(26)　倉橋はるみ「度縁と戒牒」(『日本歴史』第四〇四号、一九八二年)。
(27)　佐久間竜「官僧について」(『続日本紀研究』第三巻第三・四号、一九五六年、のち『日本古代僧伝の研究』〈吉川弘文館、一九八三年〉収録)。中井真孝「僧尼准格律条について」(『ヒストリア』第五六号、一九七〇年、のち『日本古代仏教制度史の研究』〈法藏館、一九九一年〉収録)、同「奈良時代の得度制度」(『論集日本仏教史』2、雄山閣出版、のち前掲著書収録)。吉田靖雄『日本古代の菩薩と民衆』(吉川弘文館、一九八八年)等が研究史として挙げられる。

(28)『日本後紀』延暦二十三年(八〇四)六月壬子(九日)条には「従五位下藤原朝臣貞嗣爲㆓左少辨㆒」とある。
また、『公卿補任』弘仁十年己亥条参照。

(29)『高野大師御広伝』上巻に、「大同三年六月十九日。給太政官符偁」として、以下のようにある。

　　應免課役度者一人

　留學僧空海年三十五讃岐國方田郷戸主正六位上佐伯直道長戸口。同姓眞魚。

　右得治部省解偁。被太政官去延暦廿四年九月十一日符偁。去廿三年四月出家入唐。宜依得度之者。仍今年夏季。應免課役申送者。省宜承知。符到奉行。

(30)円珍に関しては佐伯有清『智証大師伝の研究』(吉川弘文館、一九八九年)参照。

(31)五来重『増補＝高野聖』(角川書店、一九七五年)。

(32)上山春平『空海』(朝日新聞社、一九八一年)。

(33)前掲註(8)。

(34)前掲註(9)。

(35)『大日本古文書』家わけ第七「金剛寺文書」五～八頁。

(36)堀池前掲註(24)論文。

(37)川崎庸之「空海の思想と生涯」(日本思想大系5『空海』、一九七五年、のち同著作集『日本仏教の展開』〈東京大学出版会、一九八二年〉収録)。

(38)『類聚三代格』所収の「貞観七年三月廿五日付太政官符」に同様のことがみえる。

(39)佐伯有清「空海の入唐留学僧選任をめぐって」(『密教文化』第一九九・二〇〇号、一九八八年)。

(40)渡辺・宮坂前掲註(15)書。

おわりにかえて

奈良時代から平安時代初めにかけて活躍していた八名の僧侶について、その活動を中心に考察を行った。

八名のうち、如宝と道忠は鑑真の弟子として著名ではあるが、ともに戒壇設立に際して下野薬師寺へと派遣されたと伝えられている。しかし、実際のところは道忠のみが派遣されたと考えるべきであり、如宝については年齢等から考えると、派遣の事実を認めるわけにはいかない。ただし、道忠が東国において一大勢力を形成したのに対して、中央における知名度という点では決して劣らず、平安時代初期に僧綱の一員となっていた如宝をも東国へ派遣されたように考えられるようになったのではないかと推測できる。

また、空海についてはその経歴の中で不明とされている入唐前について考察を加えたが、決して大学を中途退学することはなかったと推測できる。ところで、『聾瞽指帰』と『三教指帰』との関係であるが、『三教指帰』については偽撰説が出されているが、奥付にある延暦十六年（七九七）に書き上げられた『聾瞽指帰』を、入唐後に書き直したものが『三教指帰』ではないかと考えている。すなわち、延暦十六年（七九七）段階で自らの思索の跡あるいは考えをまとめたものが『聾瞽指帰』であり、その後帰国して改めて出家に関する宣言として『三教指帰』と改作した可能性があるのではないかと考える。

ところで、残る五名のうち東大寺僧であったことが明らかである実忠・安寛・平栄については、その行動の子細については各章で述べた。各自がそれぞれ単独で行ったことについては、各人の技量や思想が大いに関係しているといえるが、その背後には必ず良弁の存在があったように考えられる。このことは、東大寺の経営という点では良弁の存在が無視することができないほど大きな存在であったことを再認識せざるを得ないということを意味している。僧綱入り後に東大寺の運営の第一線から退くこととなった良弁ではあるが、それでも寺内を統制していたことが推測できるのである。

これは良弁というカリスマ的な指導者の影響力がいかに大きかったかを示しており、良弁の場合はその僧綱としての立場も考慮する必要がある。僧綱としての立場を考える場合には、天皇家との深い結び付きをも考えておくべきであろう。そして、それは良弁に限らず、僧綱の一員となっている僧侶についても、天皇もしくは天皇家との関係をも充分に考慮に入れるべきである。その一例として、本書で取り上げた等定の場合は、等定と桓武天皇との深い結び付きの結果、東大寺が寺家の権威付けのために歴代別当の一人として取り込まれることになったのであった。

また、永忠についても等定と同じく桓武天皇との繋がりが指摘できる。そして、桓武天皇との関係が深かったために永忠と等定はともに梵釈寺との関係が存在していることが指摘できる。ただ、等定がその関係が明確に確認することができない東大寺僧として「東大寺別当」の一人に加えられているのに対して、永忠の場合は後世に「梵釈寺永忠」として、梵釈寺との関係が強調されている。すなわち、永忠の場合は、その出自が秋篠氏であるという、桓武天皇の血縁に連なっていることが経歴に大いに影響を与えていると考えることができる。

以上のように考えると、僧侶の行動であっても、政治と全く無関係なものは少なく、現在その業績が伝わっている者についてはやはり政治との関係が看取できる。特に僧綱として活躍したような僧侶については時の権力者というよりも天皇との関係が大きく影響を与えていると考えても差し支えないであろう。

本書では八名の僧を通じて、国家宗教としての仏教を追うことを目指した。国家の運営にも深くかかわってきたかつての仏教の姿を明らかにすることができていれば幸いである。

初出一覧

第一章　新稿、平成二年（一九九〇）度佛教大学大学院提出修士論文をもとに大幅に加筆訂正を行った。

第二章「東大寺僧安寛と平栄」（『佛教大学大学院紀要』第二二号、一九九四年三月）をもとに加筆訂正を行った。

第三章「東大寺と等定」（『佛教大学総合研究所紀要』第三号、一九九六年三月）をもとに加筆訂正を行った。

第四章「永忠と梵釈寺」（『史学論集――佛教大学文学部史学科創設三〇周年記念――』、一九九九年三月）をもとに加筆訂正を行った。

第五章「下野薬師寺と如宝・道忠」（根本誠二・サムエルC．モース編『奈良仏教と在地社会』、岩田書院、二〇〇四年十一月）をもとに加筆訂正を行った。

第六章「入唐前の空海」（『鷹陵史学』第二五号〈水野恭一郎先生米寿記念号〉、一九九九年九月）をもとに加筆訂正を行った。

あとがき

日本仏教史研究叢書の一冊として、本書を出版させて頂くことになりました。出版に際しては大学院の指導教官であった中井真孝先生にご推薦を賜りました。ここに謝意を表したいと思います。大学・大学院時代を経て、数多くの先生・諸先輩あるいは友人・後輩達に恵まれ、この一冊を発表できたことは何よりの恩返しになるのではないかと思っています。

本書に収録した論文ですが、第一章の実忠に関するものは、大学院の修士論文として提出したものがもととなっており、その展開として第二章以下の論文を書いています。研究者としての道を歩むに際して、修士論文の口頭試問で指導教官である中井先生に論文を認めて頂いたことが一つの自信となりました。そして、僧伝研究という分野で目標としている佐久間竜先生に頂いた励ましのお言葉も、かけがえのない財産となっています。改めて御礼を申し上げます。

第二章から第四章はいずれも、僧伝の研究を基調としたもので、一応後に一冊にまとめることを念頭において執筆したつもりです。ただ、いざまとめてみると文体や考え方の変化があり、そのために少々論点が食い違っているところがありましたが、なるべく現在考えていることにしたがって改稿を行いました。

第五章は宮城洋一郎先生のご紹介で、根本誠二先生のお世話になった論文であり、遅筆のために多大なご迷惑をおかけしました。ここに改めてお詫びとお礼を申し上げたいと思います。

第六章ですが、この論文の原点は奈良大学に提出した卒業論文にまで遡ります。口頭試問においては、指導教官であった水野柳太郎先生や副査を務めて頂いた堀池春峰先生には、有益な御教示を頂きました。残念ながら堀池先生は故人となられていますが、両先生にお受けした学恩には多大なものがあります。

そして、これらの論文を執筆した時期は、元興寺文化財研究所でもお世話になっており、当時の研究員をはじめとする方々には公私にわたって大変お世話になりました。自分の全く知らなかった調査やモノから考えるという、研究を行う上で必要な新たな知識を得ることができたのは、元興寺文化財研究所での何ものにも代え難い日々からでした。この期間がなければ、今の自分はなかったと言えます。

同様に、公私にわたり佛教大学の今堀太逸先生にはひとかたならぬお世話になりました。怠惰に走りがちな私を叱咤激励して頂き、研究発表等の機会を頂いたおかげで今があるように思います。さらに、仏教史学会や宗教史懇話会において様々な学問的刺激を頂けたお陰で、さらなる研究意欲を得たことは貴重な財産となっています。

私事に関することで恐縮ですが、特に恵まれた環境とはいえない状況でありながら、無理を承知での大学院進学と、その後の研究生活で苦労をかけてしまった両親には感謝の念に堪えません。そして、それにも増して私のために長い間物心両面において苦労をかけ続けている妻に謝意を表したいと思います。今の私が研究を行うことができるのは妻の存在を抜きには考えることはできません。いつも私を支えてくれている妻と娘には心から感謝します。

最後に、本書の出版に際しては法藏館編集部の方々、なかでも古くからの友人でありまた担当編集者でもある田中夕子氏には様々な面でお世話になりました。心からお礼申し上げます。

二〇一一年一月

牧　伸行

日本仏教史研究叢書刊行にあたって

仏教は、普遍的真理を掲げてアジア大陸を横断し、東端の日本という列島にたどり着き、個別・特殊と遭遇して日本仏教として展開した。人びとはこの教えを受容し、変容を加え、新たに形成し展開して、ついには土着せしめた。この教えによって生死した列島の人々の歴史がある。それは文化・思想、さらに国家・政治・経済・社会に至るまで、歴史の全過程に深く関与した。その解明が日本仏教史研究であり、日本史研究の根幹をなす。

二十世紀末の世界史的変動は、一つの時代の終わりと、新たな時代の始まりを告げるものである。歴史学もまた新たな歴史像を構築しなければならない。終わろうとしている時代は、宗教からの人間の自立に拠点をおいていた。次の時代は、再び宗教が問題化される。そこから新しい日本仏教史研究が要請される。

新進気鋭の研究者が次々に生まれている。その斬新な視座からの新しい研究を世に問い、学界の新たな推進力となることを念願する。

二〇〇三年八月

日本仏教史研究叢書編集委員

赤松徹真　大桑　斉
児玉　識　平　雅行
竹貫元勝　中井真孝

牧　伸行（まき　のぶゆき）
1965年兵庫県生まれ。1988年奈良大学文学部史学科卒業。1994年佛教大学大学院文学研究科博士課程満期退学。現在、佛教大学・奈良大学・大谷大学等の非常勤講師。
主要論文
・「良弁と『続日本紀』」（『佛教大学総合研究所紀要別冊「宗教と政治」』、1998年）
・「最澄と一切経」（伊藤唯真編『日本仏教の形成と展開』、法藏館、2002年）
・「古代東国の仏教と一切経」（佛教大学総合研究所紀要別冊『一切経の歴史的研究』、2004年）等

日本仏教史研究叢書
日本古代の僧侶と寺院
二〇一一年四月一五日　初版第一刷発行
著　者　牧　伸行
発行者　西村明高
発行所　株式会社　法藏館
京都市下京区正面通烏丸東入
郵便番号　六〇〇-八一五三
電話　〇七五-三四三-〇〇三〇（編集）
〇七五-三四三-五六五六（営業）
装幀者　山崎　登
印刷・製本　亜細亜印刷株式会社

ISBN 978-4-8318-6039-2 C1321